JOURNÉE

DU

30 NOVEMBRE 1825.

AM
JORD

JOURNÉE

DU

30 NOVEMBRE 1825,

OU

RÉCIT DES DERNIERS MOMENS

ET DES FUNÉRAILLES

du Général Foy.

> Songez en m'écoutant, même après le trépas,
> Que d'un nom glorieux qui vivra d'âge en âge,
> Je lègue à votre amour l'immortel héritage.
>
> BÉLISAIRE. *Acte 5.*

(Vendue au profit de la Souscription.)

PARIS,

MONGIE AÎNÉ, boulevart Italien, n.° 10.
AIMÉ-ANDRÉ, quai des Augustins, n. 59.
LUGAN, passage du Caire, n. 121.
PONTHIEU, libraire, Palais-Royal, galerie de Bois.

1825.

A

La Veuve et aux Enfans

DU

Jouy, Amédée Vatry, F. Friant, A. Chambure.

DERNIERS MOMENS

DU GÉNÉRAL FOY.

Il est des hommes si invinciblement prédestinés à la gloire de leur patrie, que leur mort même est pour elle un triomphe, et que par un étrange phénomène, le moment qui met un terme à leur vie, semble recommencer pour eux une nouvelle carrière de services et de bienfaits. Tel fut le général Foy.

Une population tout entière se lève comme un seul homme à ce cri d'épouvante : IL SE MEURT..... IL EST MORT.... Le deuil spontané dont la France se couvre, la foule qui se presse en silence autour d'un cercueil, l'ordre dans le désespoir, l'affliction dans la douleur, un grand mouvement immodéré dans son principe et légal dans ses développemens, la profondeur des émotions et leur durée, l'enthousiasme recueilli de la douleur publique. Tout dans cette mémorable journée a été marqué d'un caractère sublime qui honore également et le grand citoyen, objet de ce triomphe funéraire, et le peuple français qui lui décerne de semblables honneurs.

Plus éloquent encore sous le linceul qui le couvre, que sous la toge où nous l'entendions naguère, l'orateur patriote, à son dernier soupir, a su rallier autour de son corps glacé tout ce qui porte un cœur français. Cette réunion des amis de l'honneur national dans un moment aussi solennel, a jeté un salutaire effroi parmi les adversaires de notre gloire et de nos libertés. La perte d'un grand homme a resserré nos liens. Nous sentons plus vivement le besoin de combler, par une adhésion plus forte, le vide qu'il laisse autour de nous; un serment tacite a été prononcé sur la dépouille illustre de l'homme de la patrie. Sa mort a imprimé au corps social un mouvement irrésistible d'ordre et d'indépendance, de force et de sagesse.

Console-toi, grande ombre, d'avoir quitté avant le temps ceux dont l'amour et l'admiration te rendaient l'existence si chère : une alliance éternelle vient de se former entre le peuple français et la postérité du général Foy. Cette adoption nationale éternise notre reconnaissance, et l'avenir prouvera que nos fils et les siens ont compris la leçon sublime qu'ils ont reçue dans cette fatale journée du 30 décembre.

Le général n'avait éprouvé aucun soulagement de son voyage dans les Pyrénées. Depuis son retour à Paris, son mal se fit enfin reconnaître aux symptômes effrayans qui caractérisent cette maladie : le général Foy mourait d'un anévrisme au cœur. Depuis quinze jours, les spasmes, devenus plus vifs et plus fréquens, lui annonçaient sa fin prochaine, et la force de son âme semblait croître avec ses souffrances. Il passait la plus grande partie de ses longues journées dans la chambre de sa femme, et trouvait plus de courage auprès d'elle pour supporter les assauts meurtriers auxquels il était en proie. Lorsqu'il sentait approcher de son cœur les étreintes convulsives qui brisaient sa respiration, il se levait, se promenait à grands pas, et la douleur excessive contre laquelle il se roidissait, conservait encore sur ses traits décomposés l'expression d'une pensée généreuse.

Chaque jour, vers midi, il faisait un nouvel essai de ses forces, et sortait en voiture avec le capitaine Arthur Foy, son neveu et son aide de camp : Ces promenades lui faisaient du bien : « J'ai besoin d'air et d'espace, disait-il, tout se resserre autour de moi. » Il rentrait vers quatre heures, et passait la soirée au milieu de ses enfans, dont les jeux l'interressaient vivement.

Le 17 novembre, le général Foy se leva, préoccupé du désir de voir encore une fois le Jardin des Plantes; sa femme, un de ses neveux et le plus jeune de ses fils l'accompagnèrent. Arrivé au pont des Tournelles, en voyant l'abondance des provisions dont les quais étaient couverts : « *puisse cette année* (1825), dit-il, avec un soupir, être aussi heureuse, qu'elle est abondante! » A la vue du pont d'Austerlitz dont il admirait l'architecture, il s'est écrié : « Le nom de ce trophée rappellera » long-temps aux Français leur plus belle vic» toire. »

Il se promena un quart d'heure dans le Jardin, et en retournant pour regagner sa voiture: « *je ne suis jamais venu ici sans aller voir Geoffroy St-Hilaire; aujourd'hui, je n'en ai point la force,* » dit-il à sa femme, et d'un ton de voix plus bas, à son neveu : « *je suis un homme fini...* » Ce fut sa dernière promenade.

Le lendemain, il s'était mis à la fenêtre, et regardait ses enfans jouer dans le jardin : l'aîné de ses fils, âgé de 10 ans, se promenait tristement loin de ses frères, aux amusemens desquels il évitait de prendre part. Le général le fit appeler : « mon bon Fernand, lui dit-il, pourquoi es-tu si triste ?» L'enfant, sans lui répondre, jeta les bras autour de son cou, et les mots mon papa! mon bon papa! furent les seuls qu'il put articuler au milieu des sanglots qui le suffoquaient. Son père le pressa contre son cœur, et penchant sa tête sur lui, il pleura.

A partir du dimanche, 20 novembre, la maladie prit un caractère désespérant, le malade ne dormit plus; les spasmes qui se succédèrent presque sans interruption pendant cette nuit, l'obligèrent à se tenir constamment assis sur son lit, où la moindre pression du dos lui causait d'intolérables douleurs.

Plus calme le lundi matin, il essaya encore de sortir en voiture, mais il fut obligé de rentrer au bout de vingt minutes; on le pressa de prendre quelqu'aliment, il but un bouillon que son estomac rejeta aussitôt; à huit heures du soir il fit, sans succès, une seconde tentative... ce fut la dernière.

Toutes les nuits qui suivirent, les spasmes du cœur, combattirent sans relâche le sommeil qui l'accablait, et auquel il cédait à peine, qu'un étouffement subit l'arrachait au repos dont la nature épuisée avait tant besoin.

Il attendait le jour avec une impatience dont il indiquait la vivacité, en faisant signe du doigt à l'aiguille de la pendule qu'il avait sous les yeux, de parcourir plus rapidement le cercle des heures. Il éprouvait un mouvement de joie lorsque la première clarté du jour entrait dans l'appartement, et saluait l'aurore d'un douloureux sourire.

Dans la nuit du lundi au mardi, il fit étendre à terre quelques matelas, sur lesquels il acheva de souffrir. Dans l'intervalle des spasmes, qui revenaient toutes les cinq minutes, pendant les derniers jours de sa maladie, on l'avait entendu plusieurs fois s'écrier : *quelle journée, après une pareille nuit ; quelle nuit, après une pareille journée.*

Ses paroles sans suite peignaient éloquemment ses souffrances et l'état de son âme. Il prononçait souvent le nom de ses enfans, de sa femme et de ses neveux, et les mots de France et de patrie.

Depuis plusieurs jours, sa tendre, son héroïque épouse ne s'en rapportait qu'à elle seule du soin de faire, d'heure en heure, de légères frictions sur le cœur du malade, seul remède qui apportât quelque soulagement à ses maux. Dans la nuit qui précéda sa mort, comme elle était occupée à remplir ce triste devoir, il arrêta un moment sa main sur son cœur. « *Pauvre amie*, dit-il, *tu souffres autant que moi....* »

Courageux contre la mort qu'il voyait approcher sans effroi, il tenait cependant à la vie par de si tendres liens, qu'il prescrivait lui-même les remèdes violens qu'il croyait propres à la lui conserver. Le sifflement de la pompe à ventouse déchirait le cœur des assistans : « *martirisez-moi*, disait-il, *la douleur fait diversion à mon mal.* »

Quelques minutes avant sa mort, il tourna un regard à demi éteint vers sa femme assise à ses côtés, et lui prenant la main : *C'est toi, ma bonne amie......, je te vois encore.....; et nos enfans !.......* Il s'arrêta ; et cette âme forte eut le courage de ne point briser le cœur d'une mère en lui offrant le spectacle déchirant de ses cinq enfans rassemblés autour du lit de leur père, qui était prêt d'expirer.

Ses neveux profitèrent d'un moment de calme, sur lequel ils ne se faisaient pas illusion, pour entraîner la malheureuse épouse hors de la chambre avant le moment fatal. A l'instant où ils rentrèrent, le général témoigna le désir ou plutôt la volonté de sortir de son lit et de changer de place. Son valet de chambre, Peronko, grec de Philipopoli, qu'il avait pris à son service lors de son séjour en Turquie, fut appelé pour aider ses neveux; mais à peine l'a-t-on soulevé, que sa tête se penche du côté gauche; on l'étend de nouveau sur son lit, son front se relève, ses yeux éteints brillent tout à coup d'un éclat extraordinaire, se tournent vers le ciel où son regard sublime s'arrête et se fixe pour toujours.

A ce mouvement imprévu, ses neveux se précipitent sur ce corps inanimé, ils le pressent de leur poitrine nue, ils cherchent à le réchauffer de leur haleine, leurs cris l'appellent; mais c'est vainement qu'ils font retentir à son oreille le nom de son épouse : son cœur reste muet, il a cessé de vivre. A ce spectacle, le malheureux Peronko se roule par terre, à la manière de l'Orient, comme un homme à qui l'on vient d'annoncer son supplice, il place sa tête sous les pieds de son maître, et rendu par la douleur à l'expression native de ses sentimens, c'est en langue bulgare qu'il fait parler son désespoir.

Il était une heure trente-huit minutes, quand le général Foy rendit le dernier soupir.

FUNÉRAILLES.

« Que la France entière se couvre de deuil, elle a perdu aujourd'hui un de ses plus grands citoyens. »

Le général Foy est mort!

Il fait à peine jour et déjà les citoyens désolés parcourent les rues qui avoisinent sa demeure. Un voile mortuaire qui en couvre le seuil, la désigne à leur douloureux empressement. La foule s'y précipite, la cour, le jardin, les appartemens sont envahis par des milliers de Français en larmes. On se presse en silence, pour pénétrer dans la chambre où se trouve exposé le cercueil, couvert d'un simple drap blanc, et décoré des armes et des insignes de l'illustre mort.

A une heure, le son du beffroi a donné le signal d'une éternelle séparation, le char de la mort traversant avec peine les flots d'un peuple immense dont la rue de la Chaussée-d'Antin était couverte, s'est avancé pour recevoir la dépouille mortelle du guerrier citoyen,

Au moment d'enlever le corps, des étudians, des officiers, des jeunes gens de toutes les professions l'ont chargé sur leursépaules, et, refusant de se dessaisir de ce précieux fardeau qu'attendait le char funèbre, se sont mis en marche pour l'église Notre-Dame-de-Laurette, au milieu d'un cortége innombrable et silencieux qui grossissait à chaque pas.

Il faudrait toute l'éloquence du grand orateur, triste objet de cette cérémonie funéraire, pour donner une idée du caractère de grandeur et de simplicité que présentaient ces funérailles dont la douleur publique faisait seule les frais.

Les pompes fastueuses, les brillantes décorations où triomphe le génie des arts, étaient absentes de cette lugubre solennité. Un simple cercueil porté par des Français. Les insignes du plus haut grade militaire mérité par tant de services; cette épée, symbole de l'honneur; cette épée si souvent victorieuse pour la patrie, voilà sur quels objets s'arrêtaient les regards; voilà ce qui suffisait pour exciter tous les regrets, pour émouvoir tous les cœurs.

Aucune invitation n'avait été faite, aucun avis n'avait été donné, et cependant l'élite de la jeunesse et des notables était accourue dé tous les quartiers de Paris, et accompagnait à sa dernière demeure le courageux défenseur des libertés nationales.

La famille suivait immédiatement le cercueil. Nous essayerions en vain de donner une idée de l'attendrissement qu'inspirait la vue des trois jeunes fils du général, dont l'aîné touche à peine à sa dixième année.

Dans cet immense concours de citoyens de tout sexe et de tout âge qui suivaient ou précédaient ces nobles enfans, on remarquait des jeunes filles vêtues de deuil, des vieillards affaiblis par l'âge, des mères tenant leurs enfans par la main; on eût dit que cette innombrable assemblée ne formait qu'une seule famille, qui déplorait en commun la perte d'un père, d'un protecteur et d'un ami.

Le convoi funèbre a suivi la rue de la Chaussée-d'Antin où demeurait le général, et s'est dirigé, par la rue Saint-Lazare, vers l'église du faubourg Montmartre, où il est arrivé à deux heures. Le temple complétement rempli ne put contenir cependant la centième partie du cortége.

Ce n'est qu'avec peine, et en raison du respect qu'ils inspirent partout où ils se trouvent, que MM. Casimir Perier, Alexandre Lameth, Méchin, Ternaux, les pairs de France Barbé-Marbois, Dejean et le duc de Choiseul, ainsi que plusieurs compagnons d'armes du général, sont parvenus à pénétrer dans l'enceinte de l'église où le service divin, qui se prolongea jusqu'à quatre heures, fut entendu dans le plus profond recueillement.

Pendant la cérémonie religieuse on distribua dans les rues, et sur les boulevarts, une note manuscrite qui contenait ces mots : *Une propriété territoriale sera offerte par la douleur et la reconnaissance à la veuve et aux enfans du héros-citoyen.*

La pluie, qui tombait par torrent au sortir de l'église, n'a ni dérangé l'ordre, ni pressé la marche du cortége, qui s'est lentement acheminé vers le cimetière. Le corps était toujours porté par une foule de citoyens qui se disputaient cet honneur et se relayaient de distance en distance ; tous marchaient la tête nue, ainsi que ceux qui suivaient ou précédaient le cercueil : chacun, tour à tour, s'efforçait d'en approcher assez près pour toucher le drap funéraire. A des intervalles, séparés par un profond silence, ces cris retentissaient de toutes parts : *Au général Foy !...... au défenseur des libertés publiques !* On croyait entendre la voix de la patrie. Les fenêtres, les balcons étaient couverts de monde; et par un sentiment des plus délicates convenances, tous ceux qui se pressaient aux fenêtres pour voir passer le convoi, avaient soin de cacher, sous quelque voile noir qu'ils se procuraient à la hâte, les couleurs de leur vêtement qui auraient paru contraster avec le deuil public. Deux stations du cortége sur le boulevart ont été marquées par l'hommage de dames et de jeunes filles en grand deuil, qui sont venues déposer sur le cercueil des palmes et des lauriers.

Par un de ces contrastes trop communs dans une grande ville pour être remarqués, le cortége funéraire se trouva croisé, vers la rue du Temple, par une file de voitures, dont les cochers, parés de fleurs, annonçaient assez la joyeuse destination. Tandis qu'une multitude éplorée conduisait à son dernier asile l'homme de la gloire et de la patrie, quelques citoyens, ignorant la perte qu'elles venaient de faire, allaient célébrer une noce; ces mots ont frappé leurs oreilles : C'EST L'ENTERREMENT DU GÉNÉRAL FOY !! Aussitôt tous les convives du joyeux festin se précipitent hors des voitures, jettent loin d'eux les fleurs et les rubans dont ils sont décorés, et suivent à pied le char funèbre, au milieu des torrens de pluie, à travers les chemins fangeux qui restent à parcourir.

Il était sept heures, lorsque le cortége arriva

au cimetière de l'Est, où plus de trente mille personnes, groupées autour de la tombe ouverte, y attendaient depuis le matin les restes précieux qu'elle allait dévorer. Tel était le silence qui régnait dans ce champ de l'éternel repos, où tant de créatures vivantes se trouvaient alors réunies, qu'on y comptait les heures, dont le tintement lointain se faisait entendre dans les différens quartiers de Paris.

Vers quatre heures, une mélodie céleste, qui semblait s'élever du sein des tombeaux, a vivement ému la foule des assistans; toutes les âmes se trouvaient en harmonie avec la mâle tristesse qui caractérisait cette hymne religieuse.

Le chant funèbre terminé, quelques applaudissemens indiscrets ont été réprimés par ce cri général d'indignation : *Silence dans le séjour des morts ! paix et respect aux tombeaux.* Un bruit sourd annonçait l'arrivée du convoi; une partie de la foule réunie sur la colline se distribua des deux côtés du chemin que le cortége devait parcourir pour arriver à la tombe. La porte du cimetière était obstruée par l'immense quantité des citoyens qui précédaient le cercueil.

Le colonel, commandant les troupes, vint dire, d'une voix émue : « Messieurs, veuillez bien vous ranger sur deux lignes, le corps passera au milieu de vous, et vous le suivrez jusqu'au lieu de la sépulture. » Malgré l'obscurité de la nuit la plus profonde, et le désordre inséparable d'un pareil moment, chacun s'empressa de répondre à l'invitation du colonel.

Le corps, toujours porté par les jeunes gens, traversa cette double haie de citoyens, au milieu des gémissemens, des pleurs et des bénédictions dont on le salua à son passage : « Adieu pour jamais, ombre chérie !..... honneur de la France !.... il était notre défenseur...... il a toujours été l'appui du courage malheureux !..... il n'a jamais transigé avec la puissance !.... c'était l'homme de la patrie.... gloire à ses mânes !.... éternel honneur à sa mémoire !...... »

Ah ! si les hommes du pouvoir étaient dignes d'entendre et de profiter de pareilles leçons, quel retour sur eux-mêmes, quelles réflexions une pareille solennité ne devrait-elle pas faire naître dans leurs âmes ! Mais c'est en vain que le général Foy leur crie du fond de son tombeau : « C'est dans son lit d'argile, sous le linceul qui couvre sa dépouille mortelle, que l'homme se montre sous son aspect véritable ; le tombeau donne à la vertu sa puissance, rend les grandeurs au néant et le vice à l'infamie. »

Arrivé près des tombes du sage Savoie-Rollin et du juste Camille Jordan, au moment où l'on descendit le cercueil, de longs gémissemens, de douloureux sanglots se mêlèrent au bruit sourd des cordes, sur lesquelles le corps glissait au fond de la fosse.

Lorsque M. Casimir Perier s'approchait des bords de la tombe, pour adresser un dernier adieu à celui dont la terre venait de recevoir la dépouille, quelques personnes, pour être plus près de l'orateur, se disposaient à franchir les balustrades des tombeaux voisins; une voix s'élève, c'est celle d'un vieil ami de la liberté, d'un vénérable octogénaire[1]. « Messieurs, s'écria-t-il, honorez le héros citoyen; mais songez que là reposent aussi Savoie-Rollin et Camille Jordan. Ne foulez pas la cendre du juste et du sage! » Ces paroles suffirent pour ramener chacun au sentiment pieux dont tous les cœurs étaient remplis, et M. Casimir Perier, interrompant le douloureux silence qui régnait alors autour de lui,

(1) M. Gohier, ancien directeur de la république française : ce vieillard, courbé sous le poids des ans, avait suivi le cortège à pied depuis la maison du général jusqu'au cimetière.

et étouffant les sanglots dont il était oppressé, prononça le discours suivant.

« Messieurs,

» D'éternels regrets s'attacheront à cette journée de deuil. Le Roi et l'armée ont perdu un habile capitaine; la chambre des députés, l'un de ses membres les plus illustres; la nation, un grand citoyen; la liberté du monde, un éloquent interprète : le général Foy n'est plus! Noble France, tu attendais le moment de voir reparaître à la tribune cet athlète infatigable et tant de fois couronné! Pleure maintenant, voilà sa tombe ouverte! Enlevé par un coup de foudre, ton intrépide défenseur, ton mandataire fidèle, interrompt tout à coup deux carrières de gloire.

» Quelle vie pleine et courte! Né en février 1775, lieutenant d'artillerie à seize ans, officier-supérieur à vingt ans, général depuis la première campagne de Portugal, il a servi, commandé, vaincu, presque dans toute l'Europe; cependant il comptait à peine dix lustres accomplis. Ses exploits militaires commencent à Jemmapes et ne finissent qu'à notre dernière bataille, où il fut blessé pour la quinzième fois. »

A tous les temps de repos de ce discours, l'air a retenti du cri spontané : HONNEUR ÉTERNEL A LA MÉMOIRE DU GÉNÉRAL FOY.

« Ici se prépare pour le général Foy une suite inattendue de nouveaux triomphes; mais il ne les a remportés que parce qu'il s'y était préparé sans les prévoir, comme la vertu se tient toujours prête pour n'être jamais surprise.

» Élevé, jeune encore, à un grade supérieur, le général Foy profita de l'espèce de solitude volontaire que son rang lui permettait, pour transformer sa tente ou son bivouac en un cabinet d'études; au sortir du champ de bataille, il courait à ses livres. Chez le général Foy, la conception était vive, le coup d'œil prompt et sûr, et cependant l'esprit observateur. Le caractère des soldats qu'il commandait, la nature du pays, les mœurs des habitans, les ennemis qu'il devait combattre, leur système guerrier, l'art de gouverner les peuples, qui est le plus grand moyen de les soumettre, rien n'échappait à ses regards. Voilà le secret de cette instruction prodigieuse et variée dont il répandait les trésors, du haut de la tribune, sans les épuiser jamais : tel est aussi le secret de son éloquence; chez lui, la richesse des choses enfantait à la fois la richesse et l'économie des paroles.

» Mais ne craignez pas, Messieurs, que je sois assez imprudent, pour essayer de retracer devant vous les prodiges de la haute éloquence du général Foy : vous l'avez entendu, vous savez comme il était puissant à la tribune; rien ne lui résistait, soit qu'il entreprît de défendre, ou la liberté individuelle, ou l'inviolabilité des élections du peuple, ou la liberté de la presse, ce palladium de la charte constitutionnelle. Avec quel courage il attaquait les abus de l'administration; avec quelle sagesse il réclamait pour elle l'appui légitime que lui doivent les Chambres! Dans l'ardeur de son zèle contre le mal, il était l'opposition vivante et armée; dans la prévoyance éclairée de son amour pour le bien, on sentait qu'il avait délibéré en ministre sur les questions qu'il devait traiter comme interprète de notre chambre des communes; chez lui, l'homme d'état gouvernait l'orateur.

» Ah! qu'il fut touchant, lorsqu'il réclamait pour ses compagnons d'armes ces faibles dotations que l'on voulait arracher à quelques pauvres soldats échappés à tant de chances de mort! Qui de nous put retenir ses larmes, lorsque, s'exprimant en père et en défenseur des guerriers mutilés qu'il avait conduits jadis à la victoire, il voulait arracher les vainqueurs de l'Europe à la honte et au malheur de demander l'aumône comme Bélisaire! et tout à coup quelles inspirations sublimes il puisait dans les hauteurs de son âme!

» Vous souvient-il, Messieurs, du jour où, d'un seul mot, il replaça la majesté royale, presque compromise par un imprudent organe du pouvoir, dans un sanctuaire inaccessible aux passions humaines? On l'eût pris pour un interprète de la Charte, qui rappelait pour elle un ministre du prince au plus religieux de ses devoirs. Mais je me laisse entraîner par mon cœur: excusez ma témérité, Messieurs; parler devant vous du général Foy, comme orateur, c'est toucher aux armes d'Achille: je m'arrête; je confie à vos souvenirs ce prince de la tribune.

» Pleurons la perte immense que la patrie a faite; pleurons l'élève de nos grands capitaines et le successeur que toute la France leur eût choisi dans un nouveau péril; pleurons un citoyen intègre, l'émule de Fox et de Mirabeau, et le meilleur des hommes. L'amitié seule a pu le connaître sans aucun voile. Le général avait conservé la simplicité de mœurs et le désintéressement de l'école guerrière, enfantée par l'élan sublime du peuple français. Il servait la patrie et ne lui demandait rien; il ne rapporta des triomphes de la guerre que des couronnes de lauriers; des triomphes de la tribune, que la couronne civique.

» Avec des talens d'un ordre si élevé, son commerce était doux et facile; il ne cherchait jamais à vous imposer le joug de sa supériorité; on eût dit qu'il respectait l'égalité jusque dans ses relations sociales; sa conversation avait un charme singulier, parce que les traits de son esprit avaient passé par son cœur. Que ne l'avez-vous vu comme nous, Messieurs, au milieu de sa famille! Epoux sensible et tendre, père éclairé et plein de bonté, il cherchait dans ses filles les images fidèles de leur mère; il se réjouissait d'avoir des fils pour les présenter un jour, tout en armes, à l'autel de la patrie, comme il s'y était présenté lui-même au sortir de l'adolescence.

» Peut-être espérait-il leur transmettre le courage et les vertus qui s'apprennent surtout par la puissance des exemples. L'infortuné n'aura pas le bonheur d'achever son ouvrage; il expire, au moment où les plus âgés d'entre eux commençaient à pouvoir entendre les hautes leçons du talent. La mort arrache à leur inexpérience un guide qui ne leur laisse peut-être que son nom, et une femme forte pour mère, qui fera ses efforts pour remplacer un tel appui et un tel maître. Ah! si ce soupçon qui m'afflige nous révélait la vérité, la France la saurait bientôt; la France est reconnaissante, elle adopterait la famille de son défenseur! »

Au moment où M. Casimir Perier prononça ces mots, cent mille voix ont répondu par ce cri unanime : OUI LA NATION LES ADOPTERA! LES DOTERA!

« Reposons-nous sur cette pensée, et saluons une dernière fois, au nom de la patrie, au nom de l'éloquence, au nom de la sainte amitié, le guerrier, le citoyen, l'orateur, l'homme d'état illustre, qui a bien mérité d'elles.

» Se peut-il qu'une tombe si étroite cache tant de choses enfermées à jamais dans une froide dépouille. Ah! que la vie serait une déception cruelle, que les pertes de l'amitié seraient une douleur insupportable, et la mort une énigme sans nom, si l'immortalité ne nous apparaissait pas sur la tombe de la gloire et de la vertu! »

L'un des dignes vétérans de la gloire française, le général Miollis, quoiqu'il relevât à peine de maladie, a suivi le cercueil du général, dont il était l'un des plus vieux amis. Ce n'est qu'avec peine qu'il est parvenu jusqu'au bord de la fosse, où il a prononcé d'une voix suffoquée par ses larmes les paroles suivantes:

« La mort a frappé un être digne d'hommages universels. Que nos souvenirs se portent dans les camps, dans la société, à la tribune, ils offriront toujours le nom du général Foy à l'admiration et à la reconnaissance des Français. Ce grand citoyen, enlevé prématurément à nos vœux et à nos espérances, nous laisse à des regrets éternels.

» Je vous salue, mânes immortels, avec les larmes de la douleur! Cette tombe rappellera le génie, constamment inspiré par la vertu. Epouse digne d'un si grand caractère, agrée ce témoignage pour la consolation de tes enfans consacrés à la gloire et à l'honneur! Les éloquens et sensibles collègues de l'illustre ami que nous avons perdu, retraceront cette vie donnée par le ciel, pour exemple à suivre dans les destinées les plus sublimes. »

M. Méchin que ses souffrances n'avaient pas empêché de se trouver sur la tombe de son collègue, a dit, avec l'accent d'une profonde douleur :

« Messieurs,

» Les paroles que vous venez d'entendre iront droit au cœur de tous les Français, et, traversant les mers, feront verser des pleurs dans les deux mondes sur la dépouille mortelle qui va disparaître à nos yeux.

» Mais nulle part elles ne retentiront avec un éclat plus terrible et plus funèbre, que dans nos contrées naguère si heureuses et si fières de leur choix.

» Hélas! s'écrieront nos concitoyens, ce jeune soldat qu'on a vu, mûr pour la guerre avant l'âge, s'élancer aux plaines de Jemmapes, et combattre vingt-cinq ans sur tous les champs de bataille, c'était notre député!

» Ce général, non moins brillant au *forum* que dans les batailles, dont la parole commandait tour à tour l'enthousiasme et le recueillement, l'admiration et le silence, et souvent imposait une trève aux partis; ce grand orateur dont la tribune nationale est aujourd'hui veuve... c'était notre député!

» Ce guerrier, qu'un grand capitaine réservait aux plus hautes destinées militaires, et qui ne laisse pour héritage à ses enfans que des lauriers irréprochables et une épée sans tache; ce citoyen si pur, si dévoué, qui n'eût jamais consenti à acheter la fortune aux dépens de sa conviction, et à échanger contre la faveur des cours ses palmes civiques....., c'était notre député!

» Nos suffrages avaient enrichi la patrie de ses talens féconds et de ses vertus si rares... Il a cessé de vivre. La patrie n'a-t-elle donc plus besoin de son secours, n'a-t-elle plus d'ennemis à combattre, de conquêtes à faire, et l'heure était-elle arrivée où Dieu devait récompenser une si belle vie par une semblable mort!

» Ah! si notre illustre ami eût exhalé son âme au milieu des camps; sur le théâtre de la victoire, son dernier regard eût remercié le ciel de lui avoir réservé une mort glorieuse!

» Il meurt au sein de la paix, entouré de sa femme désespérée, de ses jeunes enfans, de ses amis... ! Les larmes, les sanglots de tout un peuple, ce concours, ces gémissemens, la consternation de la capitale, les regrets des partis les plus opposés, tout proclame sa gloire, tout dit que Dieu fut bon, même au jour de ses rigueurs ; car jamais voie plus brillante ne fut ouverte à l'homme de bien qui va saisir la couronne de l'immortalité.

» C'est pour nous, ses collègues et ses amis, c'est pour sa famille éplorée, ses amis dans le deuil, c'est pour le pays qui aimait à lui prodiguer ses suffrages, pour cette France, objet de son culte et de sa passion la plus ardente, que le ciel a réservé la douleur et la consternation.

» Bientôt vont recommencer nos débats solennels.. . Nous chercherons en vain autour de nous, nos yeux se fixeront sur cette place d'où nous le vîmes tant de fois s'élancer, pour défendre les libertés du pays et le trône constitutionnel.

» Nous interrogerons sa mémoire ; nous demanderons des inspirations à nos souvenirs et à ses discours... ; mais nous n'entendrons plus cette voix puissante qui frappait tous les cœurs et maîtrisait tous les esprits.

» Il nous faudra long-temps plus que du courage, pour surmonter, par le sentiment de nos devoirs, le poids qui nous accable.

» Ombre illustre et chérie ! entends nos accens

et reçois nos adieux! Par notre voix, ils te saluent, ces guerriers, tes compatriotes, dont tu fus le modèle, le consolateur et l'appui; ils te saluent, ces bons laboureurs que tu aimais et qui te payaient d'un retour si sincère, qui t'attendaient chaque année, avec une si vive impatience, à la fin des travaux qui ajoutaient à ta renommée et à leur reconnaissance.

» Reçois les adieux de ces électeurs incorruptibles, fidèles à leur conscience, qui se glorifiaient de te couvrir de leurs suffrages; de ceux-là même, qui, en te refusant les leurs, se sentaient subjugués par l'ascendant d'une âme pure et d'un talent admirable.

» Ils te pleureront aussi bien amèrement, les citoyens de cette ville industrieuse dont tu te plaisais à visiter les ateliers, et qui, dans ses titres d'illustration, comptera l'honneur de t'avoir adopté.

» Le cœur brisé, tes collègues, tes amis te répètent : Adieu! adieu! que la terre te soit légère! »

M. Ternaux s'est exprimé en ces termes :

« Messieurs,

» Comment trouver assez de larmes pour déplorer dignement la perte que vient de faire, je ne dis pas seulement notre chère patrie, mais l'espèce humaine toute entière, puisque celui qui en faisait l'un des plus beaux ornemens vient de descendre au tombeau.

» O mort! qui nous arraches le général Foy, au moment où son existence, s'agrandissant avec ses illustres travaux, nous rendait ses services plus utiles et plus précieux, jamais tu ne nous parus plus cruelle que dans cet instant; jamais tu ne prononças un arrêt plus fatal que celui qui enlève à l'humanité l'un de ses plus zélés défenseurs; à l'armée, un de ses meilleurs et de ses plus illustres guerriers; à la tribune, le plus éloquent de ses orateurs; à la politique, celui qui y mettait le plus de vérité, de désintéressement et de probité; à la France, le citoyen qui la servait avec le plus d'ardeur et de talent; à la société, un foyer de lumière, l'exemple de la franchise et de la générosité; à sa famille, le modèle des pères et des époux.

» O mort! jamais tu ne prononças un arrêt qui dût retentir plus long-temps, avec plus de violence et de douleur, dans le cœur des Français!

» Adieu, général, adieu! mes pleurs étouffent mes paroles. Pendant vingt ans de ta vie, tu m'honoras de ton amitié; pendant le reste de la mienne, tu auras mes regrets les plus amers. »

M. le général Sébastiani :

« Messieurs,

» La mort du général Foy enlève à l'armée un vaillant et expérimenté capitaine; à la France un éloquent et courageux défenseur de ses droits, de ses institutions. Les travaux de l'homme d'état ont abrégé des jours qu'avaient respectés vingt-cinq ans de guerre. Cette tombe s'ouvre, à côté de celles de nos plus illustres chefs, Masséna, Davoust, Ney. Le général Foy marche immédiatement après eux dans la carrière des armes; il est le plus grand de nos orateurs. La paix devait ouvrir pour lui de nouvelles sources de gloire; la paix l'a donné à la tribune, où il a continué de combattre pour son pays, et sa noble destinée s'est accomplie : il est mort pour la défense de sa patrie.

» Une plus longue carrière lui était promise; mais il a été consumé par le feu qui le dévorait : il est tombé victime de son génie. Il lègue à ses enfans un nom impérissable avec une honorable pauvreté, à ses amis une mémoire chérie, à la France entière d'illustres exemples à suivre. Aucun ne répudiera ce legs d'un grand citoyen. Oui, tant qu'il y aura en France du génie et des vertus, le nom du général Foy y recevra le culte que méritent les vertus et le génie. »

M. Benjamin Constant :

« Messieurs,

» Le concours immense de citoyens de tous les âges, de tous les états, de toutes les opinions, la profonde douleur empreinte sur leurs traits, les larmes prêtes à couler de tous les yeux, tant de nobles et brillans souvenirs qui remplissent et qui déchirent toutes les âmes, m'avertissent que les paroles sont presque superflues dans cette occasion triste et solennelle. Vous pardonnerez cependant, je l'espère, à un collègue du grand citoyen que nous pleurons, à un témoin de ses efforts constans pour défendre les libertés nationales, à celui qui admira de si près son éclatante et mâle éloquence, s'il vous arrête quelques instans aux bords de la fosse prête à engloutir prématurément tant de vertus, de talens et de courage.

» Je ne retracerai point ses faits militaires gravés dans les fastes de la gloire française : ils se rattachent à toutes les époques où le sol français dut être préservé du joug étranger; et c'est en dire assez que de rappeler que son illustre carrière commence à Jemmapes et finit à Waterloo. J'ajouterai seulement, que, défenseur ardent de l'indépendance de sa patrie, ami passionné de la liberté, il distingua toujours cette liberté sainte des excès qui la souillèrent; qu'il ne fut pas moins intrépide devant la hache des proconsuls que devant le canon de l'ennemi; et que, tandis que Lafayette subissait, dans les cachots d'Olmutz, une lente agonie, Foy, dans les cachots de Valenciennes ou d'Arras, attendait l'échafaud plus prompt, que lui destinaient les décemvirs; tant il est vrai que la tyrannie, quelque nom qu'elle porte, se choisit ses victimes parmi les ornemens de l'humanité!

» C'est sur les travaux législatifs du général Foy que j'appellerai votre attention. Qui de nous n'a pas présente à l'esprit son entrée dans cette chambre élective, destinée par la Charte à ne recevoir que des hommes revêtus du suffrage libre de leurs commettans, et qui par là même, sous le rapport de l'intégrité et des lumières, devrait contenir l'élite de la population, et former le boulevart des libertés de la France? Nous le vîmes prendre place parmi nous, déjà couvert de cicatrices glorieuses, mais dans la force de l'âge, et portant sur son front cette noble assurance que justifiaient de nombreux exploits. Nous n'attendions qu'un général célèbre; et, dès ses premières paroles, nous reconnûmes en lui le premier de nos orateurs! Tantôt, riche de faits et d'investigations infatigables, il poursuivait ses adversaires, au sein du pouvoir, d'argumens pressans et irrésistibles; tantôt sa voix tonnante flétrissait du haut de la tribune l'arbitraire et la corruption. On s'associait, en l'écoutant, à son âme si pure et si fière; on devenait meilleur à mesure qu'il parlait; et quand nous l'avions entendu, nos poitrines long-temps oppressées respiraient plus à l'aise.

» Aucun député n'a mieux connu, mieux expliqué tous les détails de l'administration, en même temps que nul n'a plus largement développé ces maximes constitutionnelles sur lesquelles reposent l'ensemble de notre gouvernement et les garanties politiques de la France. Lorsqu'il examinait les questions partielles, on eût dit un administrateur vieilli dans la carrière de l'exactitude et des faits, et possédant, par une longue routine, tous les secrets et toutes les dates d'une organisation variable et compliquée. Lorsqu'il abordait les questions plus vastes du système représentatif, on croyait entendre, sous des formes plus rapides et plus entraînantes, un de ces orateurs d'un parlement éclairé par cent quarante ans de traditions législatives, et marchant d'un pas ferme, écartant les sophismes, démasquant les équivoques et foudroyant les subtilités.

» Mais, disons-le ici, tant pour constater la reconnaissance que nous lui devons, que pour l'instruction de ceux qui auront un jour la glorieuse mission de suivre son exemple, cette universalité de connaissances, cette aptitude à tous les sujets, cette clarté sur toutes les questions, n'étaient pas seulement l'effet des dons d'une nature prodigue, mais d'un travail opiniâtre. Au milieu de sa supériorité, il ne s'en fiait pas à son génie pour assurer des succès qui étaient le triomphe des principes aussi bien que le sien. Son zèle consciencieux étudiait, sans se rebuter, tous les objets sur lesquels il répandait à la tribune des clartés si vives. Tandis que ses jours étaient consacrés à défendre, dans les occasions les plus imprévues, les droits de toutes les classes, les justes griefs de tous les opprimés, depuis le vétéran qui réclamait sa solde, jusqu'au fonctionnaire injustement destitué, ses nuits se consumaient dans la lecture et dans l'analise de ces budgets quelquefois si confus, de ces comptes souvent mystérieux, de cette législation militaire encore si incomplète, en un mot de ce dédale de lois qui, dans leurs contradictions et leur obscurité, sont aujourd'hui un arsenal, au moins autant qu'une sauve-garde. Ces nuits laborieuses ont abrégé sa vie. Plus d'une injustice dont il a forcé la réparation, plus d'une explication qu'il a commandée, et qui, pour être momentanément stérile, n'a pas été sans fruit dans l'avenir, lui ont coûté des veilles, qui l'épuisèrent, et dont son noble visage portait les vestiges. Honneur à lui! car il a versé vingt ans son sang pour la patrie, et dix ans il a sacrifié sa trop courte vie à la liberté.

» Au reste, quel plus noble usage pouvait-il en faire? S'il eût suivi la carrière vulgaire, il eût obtenu du sort quelques années de plus, de la puissance, des faveurs et des richesses; mais il eût fallu pourtant tôt ou tard descendre dans la tombe. Sa mort eût-elle été, comme aujourd'hui, un deuil national? Son nom serait-il dans toutes les bouches, des larmes dans tous les yeux? Il a choisi la bonne part de la vie.

» Il la quitte, entouré de respects, de regrets et de gloire. Son exemple servira cette France qu'il a tant chérie; cette France reconnaissante qui environne son cercueil de son affection. La génération qui s'élève ne sera point sourde aux enseignemens du génie vertueux, et consumé par sa vertu même.

» Et nous, ses collègues, nous dont le petit nombre se voit chaque jour diminué, nous qui perdons, par une fatalité imprévue, le guide que nous respections et l'ami dont nous étions fiers, nous prenons sur sa tombe, auprès de laquelle la nôtre s'ouvrira bientôt peut-être, l'engagement de consacrer à notre patrie ce qui nous reste de jours, d'être intègres, indépendans, intrépides comme lui, et, si nous ne l'égalons pas en talent, de l'égaler au moins en courage. »

Quoique le discours suivant n'ait pas été destiné à être prononcé sur la tombe, nous ne voulons pas priver la mémoire du général Foy, de ce nouvel hommage rendu à sa mémoire, par un de ses amis et de ses honorables collègues.

« Il y a de l'écho en France, quand on y pro» nonce les mots d'honneur et de patrie, » disiez-vous, il y aura bientôt sept ans à cette tribune, qui reçut de vous une nouvelle puissance, orateur citoyen, aujourd'hui ombre vénérée ! Je ne saurais mieux décrire ce qui se passe maintenant en France, et mieux exprimer le sentiment profond, unanime, dont votre perte nous pénètre, qu'en vous empruntant à vous-même des paroles immortelles comme l'honneur de notre pays. C'est à vous que je les applique; car votre nom, accompagné d'un cri de douleur, retentit dans ce moment des Pyrénées aux bords du Rhin, ainsi que dans la journée du 29 novembre il parcourut l'immense Paris pour serrer d'effroi nos cœurs; ainsi que le lendemain, avec l'inflexible force d'une triste conviction, il se mêlait aux sanglots de cent mille hommes qui, sans recours au luxe mondain des douleurs de commande, sous un ciel rigoureux, formaient votre cortége funèbre.

» Puisque la vie de la vertu est à jamais assurée, votre grande âme n'a pu être insensible à ce témoignage de la reconnaissance publique. Vous aurez entendu ces acclamations qui ont succédé à la voix des orateurs, par lesquels ont été prononcés sur votre cendre les seules louanges qu'il ne soit pas donné à l'oreille des grands hommes de recueillir ici bas, et au bruit desquelles pourtant ils marchent vers leur immortalité; vous aurez assisté à cette adoption solennelle de vos enfans[1], jurée par la patrie, dans une enceinte religieuse, en face des tombeaux dont elle est fière, et sous la voûte des cieux, vers lesquels le cri national a monté! Acte mémorable, s'il en fût jamais, qui reçoit aujourd'hui son exécution; acte par lequel, pour votre jeune et innocente famille, la France entière se transforme tout à coup en un immense Prytanée! Le peuple est toujours juste quand il est abandonné à lui-même; général, il vous récompense comme vous l'avez servi?

» C'est un grand et triste jour, que celui où il acquitte sa dette. Si ce jour est honorable pour vous, s'il donne la sanction des siècles à votre mémoire, il n'est pas moins important pour nous-mêmes; car nos titres les plus beaux à la liberté viennent de s'écrire sur votre tombe. C'est autour de vos restes, c'est en nous ralliant à votre nom, comme des soldats à la voix de leur capitaine, que nous nous sommes comptés. Nous avons vu, avec une joie calme et religieuse, qu'il n'est pas de force sur la terre au pouvoir de laquelle il soit de nous ravir cette Charte, dépositaire de notre droit public, palladium sacré que protégera encore votre ombre, comme une sentinelle vigilante. En effet, elle est devenue grave cette nation chez laquelle les bienfaits laissent des traces profondes, et qui, à travers l'orage, silencieuse, accompagne, avec un généreux oubli d'elle-même, le cercueil à son dernier asile.

» Homme de bien, malgré des talens si grands, qu'aucune pensée ne rencontre l'être, qui pourrait combler le vide creusé par votre absence, et tellement hors de ligne, qu'aucune voix ne prononce encore un autre nom que le vôtre, vous alliez cesser d'être éligible au parlement de France.

Vous mourez pauvre ; l'or de la corruption, si vous ne l'avez repoussé, s'est éloigné de vous ; et, tandis qu'avec les éclats de votre voix généreuse vous dépensiez rapidement votre vie, tandis que vous la répandiez dans chaque élan d'une âme dévorée de l'amour du bien public, la triste nécessité était prête à frapper à votre porte. Les ministres du jour, certes, ne l'eussent pas écartée, car vous ne serviez que votre pays et ses saintes lois ! Grâces soient rendues au ciel de cette honorable pauvreté ! Dans un siècle vénal, elle atteste l'alliance possible du talent et de la vertu, du courage civil et du courage militaire ; grâces vous en soient rendues, ombre vénérée ! Ainsi vous avez laissé à la patrie le champ vierge de la reconnaissance ! Ainsi ! non moins utile que votre belle vie, votre mort aura partout réveillé le sentiment de l'honneur !

» J'étais votre collègue, avant le règne d'une loi que vous avez combattue. Le premier, j'ai dit à la France que vous alliez lui donner un orateur ; le premier, j'ai salué un soleil, qui était prêt à réchauffer de ses vifs rayons notre terre de liberté. Hélas ! pouvais-je prévoir qu'il toucherait bientôt à son déclin ? Illustre défenseur de la sainte égalité des hommes, vous daignâtes plus d'une fois m'honorer du nom d'ami ; ma main n'a pas été sans sentir la loyale étreinte de la vôtre ; confondu avec vous par la haine dans ses accusations, je pus être fier d'avoir un moment attiré ses regards, quand elle ne voulait que frapper de grands citoyens plus dignes que moi de vous être associés : permettez que je recueille ces souvenirs, non pour m'en glorifier ; mais pour m'avancer d'un pas plus ferme vers le but que vous avait marqué votre âme non moins forte que généreuse.

KÉRATRY, *ancien député.*

DYTHYRAMBE

Prononcé sur la tombe du général Foy, par M. Viennet.

Foy n'est plus! Liberté! prends tes voiles de deuil,
Et qu'un torrent de pleurs sillonne ton visage :
Dans l'éclat de sa gloire, au midi de son âge,
Ton plus cher défenseur vient d'entrer au cercueil.
Déesse du vieux Tibre et de Sparte et d'Athènes,
Foy n'est plus! la tribune a perdu son flambeau,
Et la France son Démosthènes;
Viens pleurer avec nous autour de son tombeau.
O ma patrie! objet de son pieux hommage,
Toi, que depuis trente ans s'honoraient de servir
Son éloquence et son courage;
Toi, dont l'oreille avide aimait à recueillir
Les prodiges de sa parole,
Au cœur de tes enfans va long-temps retentir
Le coup affreux, le coup dont la parque l'immole.

Ils répondront par des sanglots
Au cri que va pousser la triste renommée,
Et les vétérans de l'armée
Rediront en pleurant les exploits du héros.
Vous ne l'entendrez plus répéter vos louanges,
Vainqueurs de Marengo, d'Austerlitz, d'Iéna,
Compagnons de Kléber, guerriers de Masséna,
Vestiges mutilés de nos vieilles phalanges.
A vos impuissans détracteurs,
Vous ne l'entendrez plus opposer votre gloire,
Ennoblir vos revers, et devancer l'histoire
Dans ses arrêts consolateurs.
Eh! quelle voix plus digne eût loué ces vainqueurs,
Sous qui tomba cinq fois une ligue d'esclaves!
Le modèle des orateurs
Ne fut-il pas aussi le modèle des braves?
A peine sur nos bords, cernés de toutes parts,
Retentit de Brunswick l'insolente menace,
Il suit de nos vengeurs les nouveaux étendards;
Son âge est oublié par sa bouillante audace,
Et des jeux de l'enfance il vole aux jeux de Mars.
Il a vu Dumouriez, dans les plaines belgiques,
Etouffer sous ses pieds les foudres germaniques,
Qu'agitait sur nos fronts le courroux des Césars.
Il apprit les combats sous Custine et Dampierre.
Son coursier triomphant souleva la poussiere
Des champs d'Hondschoté et de Fleurus.
Aux rives de la Sambre il suivit la bannière
De cette phalange guerrière
Où Rome eût retrouvé ses antiques vertus.
Mais qui pourrait compter les jours et les armées
Où ce grand citoyen, objet de ma douleur,
Parmi tant de héros et tant de renommées,

A fait de tant d'éclat resplendir sa valeur !
Son bras de l'Hellespont a défendu les rives;
Son sang a ruisselé sur les plages captives
Du Tage et du Wahal, du Danube et du Pô.
L'ennemi jusqu'au bout l'a trouvé dans nos lices;
Et celui dont Jemmape avait vu les prémices,
N'a déposé le fer qu'aux champs de Waterloo.
Il est tombé sanglant dans ce champ de carnage,
Où les rois ont vengé leurs vingt ans d'esclavage,
Où les destins de l'aigle ont fini sous leurs coups.
Ses amis éplorés frémissaient pour sa vie,
Et la fille d'Hilliers, à ce héros unie,
        Pleurait le meilleur des époux.
Mais pour lui s'est ouverte une lice nouvelle,
Et ses vertus alors ont fléchi le tombeau.
A de nouveaux lauriers la liberté l'appelle,
        Et la palme de Mirabeau
Aux palmes de Desaix sur sa tête se mêle.
De nos droits menacés, éloquent défenseur,
Il laisse aux courtisans encenser la fortune,
Et tel qu'aux champs de Mars, il s'offre à la tribune
        Sans reproche et sans peur.
Aux bienfaits du pouvoir, à son or corrupteur,
        Son cœur préfère les hommages
D'un peuple généreux dont sa noble candeur
N'a jamais acheté ni trompé les suffrages;
Et ceux qu'il a blâmés, ceux qu'il a combattus,
Comme sa loyauté proclament son génie :
        Et la haine et la calomnie
Ont, comme ses talens, respecté ses vertus.
Eh! qui pourrait flétrir cette noble existence!
Qu'ils viennent, ces mortels dont la servilité,

Dans les fils de la liberté,
Ne voit que les enfans de l'impure licence !
Ce tombeau leur dira, que cet homme de bien,
Dans les jours de terreur où périssait la France,
Se fit des opprimés l'intrépide soutien;
Que le fer des bourreaux fut levé sur sa tête,
Et que de nos tyrans la trop lente défaite
Fut l'unique salut de ce grand citoyen.
La mort dans aucun temps n'effraya sa grande âme;
Il s'était, dès l'enfance, instruit à la braver.
Vers sa couche, à pas lents, il l'a vue arriver.
Les combats, de ses jours, avaient usé la trame.
Quand la mort l'a frappé, le héros était prêt :
Il consolait encor sa famille attendrie.
Il est tombé sans peur, mais non pas sans regret;
Car il vivait pour la patrie.
Te voilà maintenant sans voix et sans chaleur,
Noble débris de cent batailles;
Magnanime guerrier, vertueux orateur,
Ah ! la patrie en deuil marche à tes funérailles,
Et paie à ta mémoire un tribut de douleur.
Du séjour radieux où l'Eternel réside,
Ombre illustre, vois-tu cet immense concours ?
La froide vanité, l'ambition perfide,
N'y traînent point la pompe et le faste des cours;
C'est un peuple éperdu, qui te donne des larmes;
Députés, citoyens, guerriers et magistrats,
Tous les rangs et tous les états
Sont ici confondus dans les mêmes alarmes.
Reçois l'adieu plaintif de ce peuple attristé;
Et jouis des honneurs que l'avenir t'apprête.
Ce peuple, dont ici ma voix est l'interprête,

Est déjà la postérité.
Pour toi vient de s'ouvrir le temple de mémoire;
Et les fastes français, enrichis de ta gloire,
T'ont voué dès long-temps à l'immortalité.

Un général, au nom d'une jeune Muse française [1], lut ensuite les stances suivantes :

Pleurez, Français, pleurez! la patrie est en deuil;
Pleurez le défenseur que la mort vous enlève;
Et vous, nobles guerriers, sur son muet cercueil,
Disputez-vous l'honneur de déposer son glaive!

Vous ne l'entendrez plus l'orateur redouté
Dont l'injure jamais ne souilla l'éloquence;
Celui qui, de nos rois, respectant la puissance,
En fidèle sujet, parla de liberté:
Le ciel, lui décernant la sainte récompense,
A commencé trop tôt son immortalité!

Son bras libérateur dans la tombe est esclave;
Son front pur s'est glacé sous le laurier vainqueur,
Et ce signe sacré, cette étoile du brave,
Ne sent plus palpiter son cœur.

Hier, quand de ses jours la source fut tarie,
La France, en le voyant sur sa couche étendu
Implorait un accent de cette voix chérie.....
Hélas! au cri plaintif jeté par la patrie,
C'est la première fois qu'il n'a pas répondu!

[1] Mademoiselle Delphine Gay.

Au moment où la foule s'éloignait lentement de la tombe, un jeune homme s'est écrié :

O France point de pleurs.... imposante et sublime,
Qu'un orgueilleux silence ennoblisse ton deuil !
Ne daigne point au sort reprocher sa victime,
Il faudrait blasphémer au pied de ce cercueil.

Un citoyen alors s'avance et dépose sur la tombe une couronne de chêne et de laurier ; ce dernier hommage était rendu au général Foy par son ancien collègue Gevaudan, que son grand âge n'aurait point arrêté, si une maladie grave ne l'eût empêché de venir lui-même payer ce noble tribut à ses mânes illustres.

Le silence a repris son empire : nulle voix ne se fait entendre, et la foule immobile écoute encore ; les larmes coulent silencieuses ; mais lorsque le bruit sourd de la terre, qui tombait sur le cercueil, eut annoncé que les derniers vestiges du grand homme avaient disparu pour jamais, tous les cœurs ont tressailli ; le recueillement général a cessé : on a pleuré tout haut [1]. Ces gémissemens qui retentissent dans toute la France, trouveront des échos partout où la vertu, le génie et le patriotisme sont encore en honneur.

Le sacrifice était consommé. Il fallut quitter

[1] Expression touchante de M. Evariste Dumoulin.

l'asile des morts. M. Casimir Périer ramena les enfans du général, et quelques personnes dont la tendre surveillance ne se rallentit pas un seul instant dans cette triste journée, montèrent auprès du cocher et derrière la voiture. De retour à la maison mortuaire, à l'instant où M. Bradi, l'un des amis les plus chers du général, descendit en tenant l'épée du héros, un jeune homme, qui revenait du cimetière, le pria de lui laisser toucher ce fer glorieux, et mettant un genou en terre il le baisa respectueusement.

La solitude cruelle où la durée de cette mémorable cérémonie avait plongé la plus infortunée des épouses et la plus tendre des mères, avait rempli son cœur d'un nouvel effroi : elle attendait avec une douloureuse anxiété le retour de ses enfans, que retardaient encore les bénédictions d'une foule éplorée qui se pressait sur leur passage. Au bruit de la voiture qui les ramène, elle vole au-devant d'eux, et les pressant sur son cœur, *mes enfans*, leur dit-elle en les couvrant de larmes, *vous êtes aujourd'hui mon seul bien; mais si vous deviez un jour manquer à la mémoire de votre père et tromper l'espoir de la nation, j'aimerais mieux que vous fussiez dès à présent descendus avec lui dans la tombe.*

ORAISON FUNÈBRE.

Laissons parler la douleur publique; que chacun des écrivains qui se sont faits dans cette triste circonstance les organes de la patrie, conserve le langage que sa première émotion lui a dicté : toutes les opinions se réunissent et se confondent dans cet éloge. C'est un même élan, un même cri, une même douleur.

Quel cri funèbre retentit tout à coup, le général Foy est mort des suites d'un anévrisme au cœur. Cette funeste maladie, il y a peu de temps encore, ne paraissait altérer en rien son activité et son énergie; mais depuis huit jours elle avait fait d'effrayans progrès, et elle a terminé dans d'horribles souffrances une vie précieuse à la patrie. Les derniers momens du général Foy ont été admirables comme sa vie entière; quel autre sentiment pouvait troubler une âme comme la sienne que le regret des services qu'il eût rendus encore à son pays, la douleur d'une épouse digne de lui et de cinq enfans en bas âge? Il ne laisse à cette famille éplorée qu'une fortune modique; mais il lui transmet la plus belle des illustrations, un nom que la vénération publique honorera jusque dans ses derniers descendans. Sa vie ne fut qu'un long dévouement à sa patrie : pendant vingt-cinq ans de guerre son sang coula sur les champs de bataille; pendant dix années de paix sa voix défendit les droits de ses concitoyens. Depuis Mirabeau la tribune nationale n'avait point retenti d'aussi mâles accens; mais combien l'admiration s'augmentait lorsque dans le grand orateur on reconnaissait le guerrier illustre, lorsque dans le grand citoyen on voyait briller toutes les vertus privées, toutes les affections nobles et tendres dont la nature place le foyer dans une belle âme! Jamais le génie ne fût uni à tant de bonté, et si on avait pu oublier un moment les sublimes talens dont le ciel l'avait doué, il eût fallu encore aimer, honorer en lui le meilleur et le plus généreux des hommes. Le général Foy était dans sa cinquantième année; quelle carrière riche encore d'avenir la mort vient de fermer! quelle perte pour la France! quel sujet d'éternelle douleur pour ceux qui ont eu le bonheur de l'approcher et de le connaître [1] !

La France pleure un de ses plus nobles enfans,

[1] M. Chatelain.

l'armée a perdu un de ses plus vaillans capitaines, la liberté le plus éloquent de ses défens. Le général Foy, jeune encore, a terminé ses jours hier, 28 novembre, à une heure trente-huit minutes de l'après-midi, jour d'affliction pour tous les amis de la patrie. Ce sinistre événement a bientôt parcouru la capitale attristée; le soir, on n'entendait de toutes parts que cette douloureuse exclamation : *le général Foy est mort! quelle perte irréparable! quel malheur!* Telles sont les paroles qui sont sorties de tous les cœurs, et que répéteront tous les Français en deuil.

Depuis huit jours, les gens de l'art avaient perdu l'espoir de sauver l'illustre orateur; nous ne l'ignorions pas, et nous le taisions à la France, comme on cache à une tendre mère les dangers d'un fils chéri.

Cette nouvelle douleur va la saisir au milieu de toutes les angoisses qui déchirent son sein. Athènes et Rome n'ont pas versé plus de larmes sur les cendres de leurs guerriers, que Paris n'en répandra sur la tombe d'un héros citoyen. Et ces larmes ne seront point stériles! Quand un des nobles défenseurs de la Grèce payait le tribut à la nature, la Grèce entière adoptait les orphelins qui étaient restés en bas âge. « Puissant aiguillon, dit Thucydide, pour exciter la vertu parmi les hommes; car elle se trouve toujours là où le mérite est le mieux récompensé.» La France suivra un si noble exemple; elle sera la mère adoptive des jeunes enfans de l'homme illustre qui meurt dans toute la pureté de sa gloire, de l'orateur national qui vécut et qui mourut pour elle. La vie que cent fois il risqua sur les champs de bataille pour l'indépendance de son pays, il l'abrégea en défendant chaque jour ses libertés menacées, car il avait cette ardente sensibilité que donne le génie, et qui fait mourir.

Soldat à dix-huit ans, général à trente, l'armée n'a pas conquis une couronne où il n'ait attaché un laurier. Quand les suffrages de ses concitoyens le revêtirent de la toge législative, il révéla à la France étonnée le talent sublime d'un orateur long-temps exercé aux débats du *forum*, et comme si toutes les illustrations devaient naître de ce vaste foyer de gloire dont elle a couvert le monde, c'est du sein des défenseurs armés de son indépendance qu'est sorti le défenseur le plus énergique de ses droits; c'est parmi ses guerriers qu'elle a trouvé son Démosthène.

Ce cœur si noble et si généreux n'avait pas un battement qui ne fût pour son pays. Qui n'a retenu les brillantes improvisations de sa vive éloquence! Jamais sa voix ne manqua à la défense d'un opprimé, à la dénonciation d'un abus. Il était à la tribune comme au champ d'honneur, toujours le premier, toujours le dernier. Il contraignait la haine même à l'admiration de son talent, et la servilité au respect de son caractère; le pouvoir était forcé de l'entendre; l'esprit de parti l'écoutait.

Hélas! le repos était nécessaire à sa vie, et le repos ne pouvait entrer dans une âme toujours agitée des malheurs de son pays; il fallait, pour qu'il vécût, que la liberté légale ne courût plus de risques : il a dû mourir!

Quelques jours avant la dernière crise qui l'a conduit au tombeau, il était tout entier aux travaux de cette session prochaine qui imposait tant de devoirs et qui promettait tant de triomphes à son éloquence. Je le vois encore dans ce cabinet où ma douleur trace à la hâte ces lignes en désordre; je le vois s'enflammer à l'aspect des douleurs de la patrie, et m'ouvrir les trésors de cette âme si expansive et si grande! Je croyais le voir à cette tribune où tant de fois j'admirai son mâle courage et son dévouement sublime! Hélas! il n'y devait plus monter; déjà la tombe était entr'ouverte sous ses pas!

Parlerai-je de ses vertus privées, de cette candeur, de cette simplicité de mœurs, de cet abandon qui donnaient tant de charmes à l'intimité de son commerce? Des voix plus éloquentes célébreront cette vie si belle, digne d'un homme de Plutarque. Aujourd'hui, je devance mon pays tout entier en répandant la première larme sur une tombe que la France couvrira de ses lauriers et de ses regrets !

Pur comme son talent, il garda sa vertu au milieu du naufrage de tant de renommées. Son désintéressement égalait son courage ; il ne laisse d'autre fortune que son épée et le souvenir de sa vie ; une épouse digne de lui, cinq enfans en bas âge, tels sont les objets chéris qu'il lègue à la France, et que recueillera avec une religieuse douleur la reconnaissance nationale.

La mort de cet illustre orateur n'est pas seulement une perte pour le pays qui l'a vu naître; sa gloire appartenait à la civilisation, dont il a soutenu les droits ; son deuil sera porté par les deux mondes [1].

M. Foy (Maximilien-Sébastien) était né à Ham en Picardie, en 1775. Il fit ses études au collége des Oratoriens de Soissons. Il entra au service en 1791, comme lieutenant d'artillerie. Il assista à la bataille de Jemmape, et malheureusement aussi à celle de Waterloo. Il combattit long-temps sous les ordres des généraux Desaix et Moreau; et lorsque celui-ci fut mis en jugement, le général Foy se prononça si ouvertement en sa faveur, qu'un mandat d'arrêt fut lancé contre lui.

[1] M. Etienne.

En 1807 il fut envoyé à Constantinople à la tête de 1,200 canonniers français, et il défendit les Dardanelles contre la flotte anglaise. De retour en France il fut employé aux armées de Portugal et d'Espagne, où il fit les campagne de 1810, 1811, 1812 et 1813. L'année suivante il fut grièvement blessé d'un coup de feu à la bataille d'Orthez. Il n'était pas encore guéri de sa blessure, lorsque la restauration s'opéra.

Nommé membre de la chambre des députés, M. le général Foy s'y fit bientôt remarquer par un talent oratoire très-distingué; les royalistes mêmes auxquels il se trouvait opposé rendent hommage à l'habileté, à la modération et à la franchise de caractère qu'il déploya dans ses fonctions législatives.

M. le général Foy avait été, lors du renouvellement intégral de la chambre des députés, nommé à Paris par le premier arrondissement électoral, et dans le département de l'Aisne, par les arrondissemens de Vervins et de Saint-Quentin. Le général ayant opté pour l'élection de Vervins, c'est le collége de cet arrondissement qui devra être convoqué d'ici à deux mois [1].

Un grand courage et de grands talens l'avaient porté aux premiers grades de l'armée. L'Allemagne, l'Italie, l'Espagne, le Portugal furent le

[1] *Quotidienne.*

théâtre de sa gloire; et, après avoir exercé d'importans commandemens, il n'avait rapporté dans ses foyers que de nombreuses blessures et un nom déjà célèbre; il avait servi son pays sans songer à sa fortune.

Les loisirs de la paix apprirent à la France que, dans l'un de ses plus illustres capitaines, elle possédait le plus grand orateur qui ait paru depuis Mirabeau. La postérité relira avec admiration les harangues qu'il prononça à la tribune; la jeunesse apprendra, en les étudiant, tout ce qu'un caractère incorruptible ajoute d'éclat au talent, tout ce qu'une âme généreuse, une vie irréprochable et toute consacrée à la patrie donnent de puissance et d'autorité à l'éloquence. Il avait soumis à l'ascendant de sa parole les hommes des opinions les plus opposées; on l'écoutait avec recueillement; ceux même qui étaient le plus éloignés de partager ses principes politiques savaient que dans ses discours il y avait toujours d'importantes leçons à recueillir et de nobles sentimens à applaudir. Quelles sublimes inspirations! quelle force entraînante! quel amour brûlant de la patrie et de la liberté! quelle hauteur de raison! quelle profondeur et quelle variété de connaissances! C'était le langage du génie inspiré par le patriotisme et la vertu.

Messieurs, on invoquera vainement les lumières

de ce génie qui vient de s'éteindre, les accens de cette voix qui s'est tue pour toujours. C'est alors qu'on verra tout ce que la mort nous a ravi, c'est alors que se rouvrira la blessure qui saigne dans tous les cœurs français, c'est alors que sa mémoire recevra un nouveau tribut de larmes.

Le général Foy avait vécu pour la France, il est mort pour la France. Déjà, dans la dernière session, sa santé altérée lui avait rendu très-pénible l'exercice de ses fonctions législatives. Hélas! s'il eût eu moins d'amour pour son pays, s'il eût plus consulté ses forces que son zèle, il eût pu vivre encore; la France, sa famille, ses amis l'eussent conservé peut-être encore pendant de longues années. Ceux qui ne l'ont vu que sur le champ de bataille ou à la tribune savent tout ce que la patrie a perdu. Mais ceux qui l'ont approché, qui ont connu cette âme si noble, si généreuse, qui ont vu dans l'intérieur de sa famille cette bonté, toujours si aimable et si touchante lorsqu'elle est unie au courage et au génie, ceux-là seuls connaissent toutes les vertus que la mort vient de frapper; pour ceux-là le sentiment d'un malheur privé se joint au deuil national [1].

« Un homme meurt. Le peuple le plus civilisé de l'univers plante un cyprès sur sa tombe, en témoignage d'un deuil éternel.

[1] M. Chatelain.

» Quel était cet homme dont le char funéraire est un char de triomphe? Tant de rois sont exclus de cette apothéose populaire accordée par l'opinion libre et pure à un simple citoyen, qu'il faut bien le remarquer. Guerrier : il eut, en gloire militaire, des égaux qui tombent chaque jour presqu'inaperçus parmi cette foule de héros trop nombreuse pour que la perte de chacun d'eux inspire une grande douleur publique.

» Orateur : il eut des maîtres dans l'antiquité, des modèles dans notre histoire politique, et des émules pendant sa vie. Son éloquence n'a peut-être pas conquis un seul vote législatif à la cause qu'il défendait, tant les partis sont inexorables.

» Cependant ces partis opposés qu'il combattit avec chaleur cèdent eux-mêmes à l'entraînement général : tous sont frappés d'un saint respect devant cette tombe ouverte pour recevoir leur plus redoutable adversaire; ceux qui ont le moins de pudeur se taisent; les autres se sentent gagnés par les larmes de la douleur publique : contagion sacrée que les grands hommes ont seuls la puissance de communiquer à l'humanité qui ne sent bien vivement leur valeur que quand la mort leur en a ravi la jouissance. Le secret de ce grand deuil populaire est dans l'application incorruptible d'un rare talent à la défense des intérêts nationaux : c'était sans doute le propre d'un beau génie que de deviner la pensée publique et d'en être l'interprète fidèle avec le plus rare bonheur d'expression; mais c'était le privilége d'une belle âme et d'un caractère héroïque, que de fuir les honneurs jusque sur les bancs déserts d'une opposition disgraciée du pouvoir, pour y consacrer toutes ses facultés au culte de la patrie, sans autre perspective que les récompenses posthumes de l'histoire.

» Quel ministère n'a pas envié à l'opposition cette superbe conquête?

» Quels honneurs, quelles richesses eussent été refusés à l'ambition d'un tel orateur?

» Mais celui qui, en paraissant pour la première fois à la tribune législative, avait dit : *il y a de l'écho en France, quand on prononce les noms d'honneur et de patrie*, connaissait bien le génie de sa nation et sentait le charme de se dévouer pour elle.

» Il ne s'est pas trompé. Cette nation, qu'il jugeait si bien, adoptera la famille du général Foy : ses enfans seront les nôtres; d'honorables souscriptions ouvertes de toutes parts et remplies avec un empressement qui prouve qu'il y a de la générosité dans tous les partis, consacreront cette adoption; elle ne sera pas le triomphe exclusif d'une opinion, mais l'hommage universel rendu au courage civil d'un orateur illustre [1].

Quelques gouttes d'un sang qui avait tant de fois coulé pour la patrie, ont brisé ce cœur qui ne battait plus que pour elle.

Puisque le mal dont le général Foy était frappé, devait avoir pour résultat inévitable une mort soudaine, pourquoi n'a-t-il pas rendu le dernier soupir à la tribune, au milieu de cette assemblée qui était devenue son champ de bataille, et où luttaient chaque jour son courage, son patriotisme et son admirable éloquence? La mort ne lui devait-elle pas ce triomphe? Mais s'il n'a point péri en combattant, il a succombé aux suites du combat. Cette lutte de chaque jour, de tous les instans, cette défense continuelle et infatigable du juste et du vrai, a plus épuisé sa vie que le soleil d'Espagne et les glaces du nord. Ce sang qui a rompu les parois de son cœur, c'est l'amour exalté du bien qui en précipitait les mouvemens,

Plus tard, nous essayerons d'assigner sa place parmi nos grands écrivains à cet orateur formé sous la tente; nous essayerons d'analiser cette éloquence vive, puissante, irrésistible comme le feu de ces bouches d'airain qu'il dirigea vingt ans contre les phalanges étrangères. Aujourd'hui nous

[1] H. Devaux, député du Cher.

n'avons que de courtes paroles pour l'admirer, pour le plaindre : nous sommes dominés par un sentiment trop amer contre cette mort cruelle dont la préférence barbare s'appesantit depuis quelque temps sur tout ce qui pouvait être l'ornement de notre société, la consolation de notre âge!

Quand nous songeons à tout ce qu'il a fallu d'événemens, d'émotions, de périls, de vie active et passionnée pour former un pareil homme, pour créer une organisation aussi féconde, un aussi noble caractère, nous restons anéantis devant l'énormité de cette perte. Au milieu de la foule qui se presse à nos regards, nous sommes effrayés de la solitude d'hommes qui nous entoure. Chaque jour nous enlève quelque débris de cette génération forte et puissante qui a fini l'histoire du siècle dernier, et commencé le siècle présent. Que sortira-t-il de la génération nouvelle, à la fois trop sérieuse et trop frivole, de cette société sans physionomie, sans action, qu'on occupe avec les futilités du luxe et de la mode?

Si quelque chose peut rassurer nos craintes et consoler notre douleur, c'est que l'esprit public semble vouloir triompher de cette fausse direction qu'on lui impose. La mort du général a été ressentie par toutes les familles, comme une calamité privée. Et comme si l'on revenait enfin aux idées saines d'un véritable patriotisme, ce digne citoyen emporte dans sa tombe l'estime de tous les partis. La France entière le pleure, et bien des puissans voudraient acheter de pareilles funérailles au prix de cette pourpre qui les couvre et qui leur pèse [1].

Au nom de la jeunesse française plongée maintenant dans le deuil, je dépose ici l'expression de la plus profonde douleur. Ce n'était pas à nous à parler sur la tombe du général Foy; ce devoir devait être rempli par ses amis, par ses collègues, par ces hommes honorables dont les regrets sont un si bel éloge. Pour nous, mornes et silencieux, nous suivions son convoi funèbre. Quelques paroles de tristesse échangées avec nos amis quand nous les rencontrions dans la foule, les larmes qui mouillent encore nos yeux, ont été jusqu'à présent le seul hommage rendu par nous aux mânes de ce grand citoyen.

Aujourd'hui, qu'on nous permette de mêler publiquement nos regrets à ceux des hommes qui l'ont connu et qui lui ont dit le dernier adieu. Le général Foy nous était si cher! A notre âge on aime tant ce qu'on admire! Quand on parlait devant nous du désintéressement, du dévouement au pays, de la conscience politique, comme de vertus d'un autre temps, nous citions le général

[1] Léon Halevy.

Foy; heureux et fiers d'avoir à dire qu'il combattait pour notre cause. Quand nous apprenions quelque grande injustice, nous disions : « Le général Foy la vengera. » Et nous-mêmes n'avons-nous pas eu besoin d'un vengeur, ne nous a-t-on pas désignés à la tribune comme des fléaux pour notre pays, nous qui osons nous flatter d'en être plus que jamais, hélas! la seule espérance?.... A peine un seul mot avait-il été prononcé contre nous, le général Foy était au pied de la tribune, et toute la jeunesse se souvient comment le premier orateur de la France repoussa cette calomnie.

Son éloquence produisait sur nous l'effet de la vertu; elle nous donnait confiance dans l'avenir. En nous inspirant des idées généreuses, des sentimens purs et désintéressés, elle nous faisait espérer des jours meilleurs; car ceux qui aiment la vérité croient toujours à son triomphe. Qu'on jette les yeux sur les chefs que nous nous plaisons à suivre. Sont-ce ceux qui ont appelé le désintéressement et l'amour du pays des vertus chimériques? Sont-ce ceux qui ont été convaincus publiquement de corruption? Sont-ce ceux qui se montrent sans respect pour les lois, sans égards pour la magistrature, sans fidélité dans le maniement des deniers publics? Non, *ces tristes leçons de l'âge mûr* ne pourraient corrompre aucun de nous; car l'avenir qu'elles préparent est sans dignité comme sans bonheur. Mais, dans un temps où il faut détourner avec dédain nos regards de tant de visages, où tant d'hommes trahissent les destinées de la France, qu'on ne s'étonne pas s'il y a dans nos cœurs autant d'affection que d'enthousiasme pour ceux qui parlent le langage de la vertu, de l'honneur et de la probité; ceux-là pour nous sont la patrie.

Nous parlerons un jour du général Foy comme nos pères nous parlent de Mirabeau. Ceux d'entre nous qui l'ont connu, qui ont pu lire sur sa figure noble et franche les sentimens de son âme, ceux qui ont entendu à la tribune sa voix sonore et imposante, seront fiers de pouvoir dire : « J'y étais, je l'ai vu! » Ils en parleront encore avec enthousiasme dans leur vieillesse; car je ne puis croire que des impressions si vives viennent jamais à s'effacer. Un grand orateur défendant la justice et la patrie, c'est le plus beau spectacle dont l'homme puisse jouir. Mais cet orateur n'est plus, nous l'avons vu descendre au tombeau, et il me semble que c'est la douleur la plus vive qu'on puisse éprouver.

Le deuil a été général et spontané. Quelle est donc la puissance d'un beau caractère! Ah! il est des hommes dont le nom retentit autrement dans nos cœurs, et si l'un d'eux eût été enlevé par ce coup rapide, chacun de nous eût évité ses funérailles; car, bien qu'on nous accuse de n'être point religieux, notre irreligion ne va pas jusqu'au mépris pour les morts.

On dit qu'un grand citoyen ne meurt pas tout entier, que son souvenir et son nom veillent encore sur la patrie. Puisse l'exemple des talens du général Foy donner aux libertés publiques des défenseurs éclairés et redoutables comme lui. Mais j'en atteste notre douleur, l'exemple de ses vertus ne sera pas perdu pour la France; il en a laissé le germe au fond de nos âmes [1].

Les camps et la tribune sont en deuil, et le héros, riche de gloire, riche de l'admiration et de l'amour des citoyens de l'armée, n'a laissé qu'une fortune dont la médiocrité relève l'éclat de ses vertus et de sa vaillance; et il n'a cherché d'autre prix de ses nobles actions, que l'estime générale et la satisfaction d'une conscience pure. L'esprit public, par un élan généreux qui s'est spontanément communiqué aux cent mille personnes qui ont escorté ses dépouilles mortelles, a indiqué la récompense qui devait être décernée à sa mémoire. Les nations doivent plus que des acclamations pendant leur vie, et des regrets après leur mort, aux grands hommes qui les ont illustrées. L'Amérique vient de nous apprendre à être reconnaissans,

[1] Alexis de Jussieu.

et les peuples régénérés comptent au nombre des droits qu'ils ont reconquis, celui de récompenser les services qui leur ont été rendus par des orateurs désintéressés et des héros dont les mains sont restées pures de l'or des cours et de la dépouille des vaincus. Nous devons un double hommage au général Foy : l'un lui sera rendu sur sa tombe, en y élevant un monument digne de la nation qui le pleure; l'autre lui sera décerné dans ce qu'il eut de plus cher, dans ses fils, devenus par sa mort les enfans de la patrie. Elle se charge de leur assurer une existence honorable, qui leur rappellera, par cette expression généreuse de la reconnaissance publique, qu'ils doivent marcher sur les traces de leur père [1].

Nous nous affligerons toujours de la disparition des talens qui honorent la France, quand surtout ils ont été mêlés à des vertus sociales et à un noble caractère. Il n'y a que la médiocrité ministérielle qui puisse se réjouir au fond du cœur de rencontrer un adversaire de moins à la tribune. Espérons que cette médiocrité jalouse offrira bientôt, en perdant le pouvoir, le sacrifice qu'elle doit au talent : de tous les honneurs rendus aux cendres du général Foy, nul ne sera plus agréable à la France.

Si les ministres savaient voir quelque chose, ils

[1] Em. Dupaty.

trouveraient dans ce qui vient de se passer, matière à de sérieuses réflexions. Ce n'est pas le fait d'une petite opposition turbulente, d'une petite coterie de mauvaise humeur : cent mille personnes de tout rang, de toute opinion, ne se donnent pas le mot pour étaler une vaine parade; des boutiques ne se ferment pas, toute une capitale n'est pas en alarmes, sans qu'un instinct puissant ne soit la cause de pareils effets. Il faut nécessairement reconnaître que les doctrines constitutionnelles, défendues par le général Foy, sont les doctrines désormais adoptées par la France; que la nation a pris la Charte au sérieux, et que tous les hommes qui veulent la Charte, sans s'embarrasser du banc où siégeait l'orateur, ont voulu honorer en cet orateur le défenseur des libertés publiques.

Comparez le mouvement produit mercredi dernier dans Paris, avec les mouvemens qui ont eu lieu à diverses époques de la Restauration, soit au sujet du changement de la loi des élections, soit à propos de quelques convois funèbres, et voyez combien ils ressemblent peu à la scène dont nous venons d'être les témoins. Des cris qui ne remuaient rien, quelques jeunes gens généreux, mais trompés, qui ne traînaient personne à leur suite; voilà tout : une poignée d'hommes faisaient plus de bruit que ces cent mille citoyens gravement, silencieusement rangés autour du cercueil du député de Vervins. On peut considérer cette grande assemblée populaire, convoquée pour ainsi dire par la Mort, comme une réunion des Comices à Rome: on a voté pour la Charte sur le cercueil d'un général, de même que les Romains votaient pour la liberté au Champ-de-Mars.

Telle est la première instruction qui se tire du spectacle qu'a présenté Paris dans ces derniers jours; mais une autre vérité sort également de ce spectacle.

Si d'un côté on prétendait faire une espèce de protestation en faveur des libertés publiques, de l'autre on désirait prouver aux ennemis de ces libertés, aux ministres, combien ils sont repoussés par la nation. C'est au retentissement de la chute des fonds, au bruit de la plaidoirie des procès en tendance, qu'on s'est plu à montrer aux auteurs de l'agiotage et de la censure l'estime que l'on porte à leurs adversaires. On aurait pu exprimer le sentiment qui animait cette grande réunion par ces simples mots: « On veut la Charte, » on ne veut pas des ministres [1]. »

La vie est courte et pressée; les hommes se hâtent d'en reprendre le cours; les témoignages

[1] Journal des *Débats*.

extérieurs du deuil le plus général et le plus sincère s'évanouissent en un moment. Mais que les amis du général Foy se rassurent : c'est seulement de son cercueil, de ses restes mortels, que la foule s'est éloignée; sa pensée est pourtout présente; partout on a besoin de parler, d'entendre parler de lui.

Il a servi deux nobles causes, les deux causes qui font battre le plus vivement les cœurs, l'indépendance de la patrie, puis ses libertés; pendant plus de trente ans, il a pris part à toutes les gloires, à tous les chagrins de la France. C'est là un lien que la mort ne peut rompre; les peuples n'oublient point ceux qui les ont honorés et servis en souffrant comme eux.

Aussi existait-il entre le sentiment national et ses paroles une merveilleuse sympathie; nul ne réussissait comme lui à exciter dans l'âme de ses concitoyens des émotions conformes aux siennes; à se faire accepter de la France entière pour représentant et défenseur. Il y avait dans son éloquence de quoi charmer les esprits les plus difficiles, et de quoi remuer les moins lettrés, les plus simples ; il suffisait qu'ils fussent Français.

Ce n'était pas seulement sur les hommes unis à lui d'opinions et de vœux que s'exerçait sa puissance; il avait l'art de plaire même à ceux qu'il combattait, de les intéresser, de les attacher, de les émouvoir même quelquefois en s'opposant à leurs volontés. Nul n'a plus franchement, plus énergiquement soutenu la lutte engagée entre l'ancien régime et la France nouvelle; et pourtant nul ne s'est fait écouter du parti opposé avec plus de tolérance, j'ai presque dit plus de faveur. Tel était le charme de son talent, qu'en redoutant un si puissant adversaire, on ne pouvait se résoudre à le traiter en ennemi.

C'est qu'en effet aucun sentiment haineux, aucun aveugle préjugé ne rétrécissaient son esprit et l'empire de son éloquence; elle était vive, poignante, mais sans fiel; la générosité de son âme et l'étendue de sa raison éclataient au milieu du combat; il savait comprendre les idées même qu'il repoussait, s'affranchir des habitudes de parti, faire appel à tous les nobles sentimens de la nature humaine, à la droiture, à l'indépendance, et attirer à sa suite ses adversaires dans cette région plus élevée où les honnêtes gens et les esprits libres se rencontrent et se rapprochent, du moins en passant.

En ceci la France est loin, bien loin d'avoir reçu de lui tous les services qu'il pouvait lui rendre, et la mort est venue le frapper au moment où une gloire de plus lui était réservée. Les partis s'obstinent en vain; ils ont perdu au dehors leur crédit, au dedans leur énergie: ils n'ont plus ni foi sincère et profonde, ni espérances grandes et prochaines. La lutte du droit contre le privilége, de la liberté contre le pouvoir absolu, de l'ordre légal contre l'arbitraire, n'est point suspendue; mais ce n'est plus sur le terrain, ni avec les armes de nos discordes passées, qu'on peut et doit la soutenir. Or; nul homme n'était plus propre que le général Foy à comprendre ce nouvel état, ces nouveaux besoins du parti national, et à en faire pénétrer peu à peu dans tous les esprits, ne fût-ce que par son exemple, l'intelligence et le sentiment. Formé au milieu de nos premiers orages, fidèle aux affections et aux souvenirs de sa jeunesse, il excellait à parler le langage qui touche vivement le peuple français; et, trop éclairé en même temps pour méconnaître le progrès des idées, des intérêts, des nécessités publiques, il savait en tenir compte, en démêler toutes les convenances, et diriger en ce sens l'influence qu'exerçaient ses paroles sur les dispositions de ses concitoyens; esprit toujours ouvert, habile à recevoir les leçons du temps sans en être ébranlé dans ses croyances, aussi étendu, aussi impartial que l'exige le maniement sensé des affaires humaines, et pourtant incapable de faiblesse et de mauvaises concessions.

Cette capacité si noble et si rare n'a pas reçu tout son développement; malgré l'éclat de son nom, les amis du général Foy savent seuls tout ce qu'il était, tout ce qu'il eût pu déployer encore de raison, de patriotisme, de talent. Qui sait même si cette pensée n'a pas attristé ses derniers jours; s'il n'est pas mort avec le regret, un des plus douloureux que puisse ressentir un cœur d'homme, de n'avoir pas accompli toute sa destinée, de ne s'être pas montré tout entier? Que la bonté du ciel lui ait épargné cette amère douleur! que la gloire dont il était couvert l'ait consolé de celle qui lui échappait! Mais que la France sache qu'elle a perdu en lui bien plus encore qu'elle n'a pu voir; la plus noble consolation de sa veuve, de sa famille, de ses amis, c'est de l'avoir complétement connu, de pouvoir dire, après ce qu'il a fait, que le temps ne lui a manqué que pour son pays [1].

La nation vient d'adopter sur la tombe de leur père ces enfans que la piétié y avait conduit pour pleurer avec nous. La douleur publique leur décernait le plus beau titre qu'un homme puisse envier, celui de *fils du peuple*. Deux jours sont à peine écoulés, et déjà la promesse s'accomplit, dans les écoles, au barreau, dans le commerce, dans les ateliers, partout on institue des commissions, on ouvre des registres, on se presse pour faire inscrire son

[1] M. Guizot.

nom sur cette liste nationale avec la même vivacité qu'autour du cercueil ; déjà on évalue les souscriptions à plus de 350,000 francs. Demain la France va répondre à l'appel de Paris, et la dotation aura été faite presque aussitôt que conçue.

Une république semblait, il y a quelques mois, s'élever par la reconnaissance au-dessus de toutes les nations : la France monte au même rang ; et ainsi les deux peuples qui combattirent les premiers pour l'indépendance et la liberté s'offrent ensemble encore en exemple à la terre : Lafayette peut rester incertain entre ses deux patries. Nous l'avons dit déjà ; il y a de l'avenir pour un peuple qui sait ainsi reconnaître les services, et si nous avons mené un deuil cruel, ce n'est pas du moins celui de la liberté.

Ce sera là sans doute la consolation d'une épouse courageuse, qui se montra mère plus courageuse encore : une alliance indissoluble vient de s'établir entre elle et la nation ; elle élevera ses enfans, comme leur père les eût élevés, sous la garde du pays.

On assure que la jeunesse de nos écoles est triste de n'avoir pas entendu un de ses membres, prononcer quelques mots sur la tombe du grand orateur qui la défendit si noblement dans des jours de persécution ; elle regrette de ne s'être pas fait représenter. Ah ! plutôt qu'elle s'en honore ; cette douleur de premier mouvement, cette précipitation sans concert, cette satisfaction d'aller tous chacun pour soi, en son nom et non pas en corps, ce désordre et ce silence, ce recueillement sévère, en ont plus dit que tous les discours. L'avenir prouvera que notre génération a compris la triste et grande leçon de cette soirée du 30 novembre; et nos offrandes vont aller témoigner pour nous. Une idée pleine de délicatesse nous est proposée, et nous en faisons part au public et au comité général ; c'est que la liste de tous les souscripteurs soit dressée, imprimée sur vélin; qu'un exemplaire soit déposé dans la tombe du général, et un autre remis à ses enfans : ce seront là leurs titres de noblesse [1] !

La mort du général Foy est une calamité pour tous les peuples libres; le deuil parisien, le deuil français donnent un noble exemple à la postérité. Le même hommage, n'en doutons pas, sera rendu à la mémoire du plus grand citoyen des états modernes, au congrès de Panama, au sénat de Washington, et dans le camp des Grecs.

Le concours populaire de sa pompe funèbre, les discours prononcés sur sa cendre, le vœu d'adopter ses enfans, la souscription qui leur offre un héritage, celle qui lui élève un monument,

[1] Le *Globe*.

sont les gages impérissables de la vénération et de la reconnaissance de ses concitoyens. Honneur à Paris qui l'a pleuré au nom de toute la France! honneur à la France qui le pleure au nom de tous les états libres de l'univers.

Ce grand jour de larmes ennoblit le peuple qui les répand : il n'est pas un Français qui ne soit fier de l'être. Jamais, à une époque quelconque de notre histoire, la patrie n'a parlé aussi haut, aussi profondément aux âmes françaises ; jamais plus touchante, plus intime, plus forte fédération n'a lié les habitans d'une même terre : la vertu d'un homme de bien, la valeur d'un guerrier, le génie d'un orateur font sortir de sa tombe cette grande vérité.

La France n'a plus rien à envier à l'Amérique pour les honneurs rendus aux grands services. Tout un peuple, quinze millions d'hommes ont donné des couronnes au général Lafayette. Tout un peuple, trente millions d'hommes, ont donné des larmes au général Foy.

Le triomphe de sa mort est la preuve de sa vie. Les lauriers de la guerre, les palmes de la tribune ont été portés à ce convoi national par la population militaire et civile de la capitale. C'est bien dans ce jour funèbre que Paris a été toute la France, en honorant la mémoire du général Foy, comme défenseur de la patrie à la tribune et aux armées [1].

Hélas! Messieurs, quand les orateurs périssent, comment imposerait-on encore silence aux écrivains? Quand la tribune est veuve, voudrait-on encore faire taire la presse? Si jusqu'ici vous aviez pu douter un seul instant du besoin qu'a la société du secours indispensable de la publicité, pour se maintenir contre tant d'aggressions, pourriez-vous balancer aujourd'hui que l'impitoyable mort, triste auxiliaire des ennemis de nos libertés, vient de jeter la France entière dans le deuil, en la privant d'un de ses plus énergiques défenseurs; de ce brillant orateur dont l'éloquence chevaleresque rappelait, dans ses tournures libres et fières, l'air martial des combats? Il a vécu dans la disgrâce du pouvoir, mais en possession de la plus haute faveur auprès d'une nation qui admirait en lui un talent qui ne rencontra point d'égal, une réputation sans tache, un caractère incorruptible, un patriotisme éprouvé dans la paix comme dans la guerre! La grandeur de son âme se trouve révélée dans ce genre de supplice tout nouveau que sa parole législative inventa pour punir la vanité ministérielle, en la condamnant à jeter les yeux sur les statues de nos grands hom-

[1] M. de Norvins,

mes! Modeste possesseur d'une gloire qu'il sut rendre immortelle, ses rayons resplendiront sur sa postérité la plus reculée! Elle fera le douaire de sa veuve et la première dot de ses jeunes enfans! Quels regrets unanimes n'a-t-il pas excités?

Quelles funérailles! quels obsèques! En voyant l'affluence, l'ordre et le sentiment de décence autant que de douleur qui régnaient dans toute cette population, on aurait pu dire ces paroles de l'Écriture : Voilà un peuple sage et intelligent, une grande nation! (*En populus sapiens et intelligens, gens magna!*)

Quel encouragement pour tous ceux qui, à son exemple, sauront défendre et protéger les libertés et les justes droits d'une nation aimante et reconnaissante au-delà du tombeau [1]!

Il est une pensée plus haute et plus consolante encore que nous puisons au sein même du deuil public qui nous environne.

Lorsque nous accompagnions jusqu'à sa tombe le grand citoyen que nous avons perdu, lorsque nous assistions à cette triste et dernière solennité qui nous enlevait le défenseur le plus zélé de nos droits, celui dont la voix démasquait les ennemis de nos libertés, comme son glaive avait repoussé les ennemis de notre indépendance, n'y

[1] M. Dupin, audience sollennelle du 3 décembre.

avait-il pas en nous, malgré nous, je ne sais quelle conviction intime que les hommages dont nous l'entourions, que les larmes qui coulaient sur sa tombe portaient jusqu'à lui nos respects et nos regrets? Nous éprouvions je ne sais quel sentiment confus du plaisir douloureux que lui-même devait éprouver. C'était le sentiment religieux dans sa pureté; c'était la voix de la partie immortelle de notre nature qui, enchaînée encore sur cette terre que nous habitons pour quelques instans, s'élançait vers ce compagnon de nos travaux, cet appui des opprimés, ce vengeur de la faiblesse, cet adversaire inflexible de l'arbitraire et de la corruption. Nous sentions que son âme vivait encore et répondait à la nôtre [1].

[1] M. Benjamin Constant. Discours d'ouverture de l'Athénée.

NOTES ET FAITS

RELATIFS

A la Journée du 30 Novembre 1825 [1].

Tous les spectacles de Paris, et ceux des boulevarts plus particulièrement, étaient déserts hier, mardi 30. Un spectacle bien autrement imposant que des scènes froides et sans couleur, autorisées par la censure, avait absorbé l'attention publique pendant toute la journée, et suspendu tous les plaisirs.

— Peu de jours avant sa mort, tous les mé-

[1] Il nous a été impossible, de même qu'aux journaux, de recueillir tous les faits particuliers de la memorable journée du 30 novembre; il y en a quelques-uns qui d'ailleurs ne prouvent que l'affliction générale et si vivement sentie. Nous relatons ici ceux qui sont assez remarquables pour intéresser nos lecteurs, et qui se rattachent à notre récit. Nous ajoutons aussi quelques traits qui prouvent l'excès de la douleur publique. Ces faits nous ont été communiqués par des témoins oculaires ou par des lettres signées de personnes dont on ne saurait révoquer en doute la véracité : quelques-uns sont extraits des journaux.

decins interdirent au général Foy l'usage de la parole. Quand ils furent sortis : *J'ai plus de force qu'ils ne croient*, dit le général, *je ferai encore une bonne session.*

— Aucun piquet de gendarmerie n'avait été placé sur le passage du cortége, et l'ordre le plus parfait qui a régné pendant la cérémonie funèbre est dû tout entier au bon esprit des citoyens. Un seul gendarme se trouvait au convoi; il était auprès des voitures, et veillait à ce qu'elles conservassent leur rang.

—Le convoi était composé d'un corbillard à deux chevaux et de quatre voitures de deuil; il était suivi par un nombre considérable d'équipages, à la tête desquels était la voiture de Mgr le duc d'Orléans. Les honneurs militaires ont été rendus par un bataillon de la garnison. Malgré une pluie continuelle, une foule immense s'était portée sur le passage du convoi : il n'y a pas eu le moindre désordre.

(*Moniteur du* 1er *décembre.*)

—

Paris, le 1er Décembre 1825.

Monsieur,

La rue de la Chaussée d'Antin s'est longtemps appelée la rue *Mirabeau.* Je ne proposerai point de l'appeler la rue *Foy*. Ces changemens ont besoin de la sanction de l'autorité, et je ne voudrais pas que cet hommage rendu à la mémoire de notre immortel ami, courût les chances des vicissitudes politiques.

Mais je construis en ce moment un monument utile, je l'ai doté du nom fort insignifiant de *passage d'Antin*; désormais le passage d'Antin sera la *galerie Foy*.

Je suis certain que mes honorables commanditaires, et j'ose espérer le public, approuveront cette consécration à la mémoire du grand citoyen que nous pleurons.

Pour ma part dans la souscription nationale ouverte hier au pied de sa tombe, j'adresse aujourd'hui à M. Laffitte, et je tranfère au nom des fils du général Foy, une des actions qui sont ma propriété dans cette entreprise.

Agréez, etc.

MÉCHIN, *député de l'Ain.*

Paris, 3 décembre 1825.

A M. Méchin, député.

Monsieur,

Nous ne pouvons qu'approuver et nous vous remercions d'avoir donné à notre passage le nom du grand homme que nous perdons. Afin de nous unir à votre belle et généreuse action, nous avons l'honneur de vous prévenir que nous allons déposer chez MM. J. Laffitte et compagnie le montant d'une action que nous transférons au nom des enfans du général Foy.

Agréez, etc.

Signés : le colonel DENTZEL, ALFRED LANNES de Montebello, ERNEST LANNES de Montebello, le général D'ARLINCOURT, *actionnaires de la galerie Foy.*

— Robert Gabouret, ancien sergent, qui a perdu sa jambe en Portugal, où il servait sous les ordres du général, suivait à pied le cortége avec son fils, enfant de treize ans. Au milieu de la rue du Chemin-Vert, il cassa sa jambe de bois entre deux pavés; et comme on l'engageait à monter dans une des voitures qui suivaient : *Non, non*, répondit-il, *je veux l'accompagner jusqu'à la fin, mon fils me soutiendra*; et il continua sa route, s'appuyant ou sur ce faible enfant, ou sur des personnes étrangères, qui toutes à l'envi lui offraient leur soutien. C'est ainsi que ce vieux brave parvint à l'endroit de l'éternel adieu.

Parmi les militaires amputés ou couverts d'honorables blessures qui se trouvaient à cette triste et imposante cérémonie, on remarquait les généraux Domesnil et Barbanègre. Ces intrépides défenseurs de Vincennes et d'Huningue marchaient continuellement auprès du cercueil, et semblaient commis par la patrie à la garde de ces nobles dépouilles.

— *N'allez pas si vite*, cria quelqu'un, sur le boulevard Poissonnière, aux citoyens qui portaient le cercueil; *il pleut à verse! Quand il allait au feu*, lui répondit-on, *il pleuvait des balles, et il ne s'arrêtait pas.*

— On a remarqué que le lendemain des funérailles, les gardes nationaux qui composaient le poste de l'état-major avaient tous le crêpe au bras.

— Après la cérémonie funèbre, six jeunes étudians se rendirent chez M. Serveille, restaurateur, passage Beaujolais, près du Palais-Royal. A la pluie et à la boue dont leurs vêtemens étaient couverts, et bien plus encore à leur affliction, il fut aisé de deviner qu'ils faisaient partie de cette brave et brillante jeunesse, digne espoir de la France, et qui, en toutes circonstances, donne tant de preuves de zèle et de dévouement à la patrie. Serveille s'approche d'eux, et posant une bouteille sur leur table : *Mes jeunes amis*, leur dit-il, *permettez-moi de boire avec vous à la mémoire et à la gloire de notre illustre député ; je suis un de ses vieux soldats !* Cette proposition fut accueillie avec enthousiasme, et, les larmes aux yeux, toutes les personnes témoins de cette scène attendrissante se levèrent et répétèrent ce toast : *A la gloire immortelle du héros citoyen.*

Le lendemain on lisait dans *le Constitutionnel*, à l'article Souscription :

M. Serveille, restaurateur, 20 fr. 75 cent., produit d'un diner de six jeunes gens qui revenaient du convoi.

Des scènes également touchantes ont eu lieu dans un grand nombre de restaurans. Dans l'un d'eux où l'on fit une collecte, le maître de l'établissement chargea plusieurs de ses garçons d'en porter le montant au bureau du *Constitutionnel. Et nous aussi, nous ajoutons au don national*, s'écrièrent-ils, et d'un commun accord ils vidèrent, sans compter, le tronc qui contenait la recette de toute leur journée, et en réunirent le montant à la masse.

— *Enregistrez ces 40 sous pour moi*, disait en pleurant une pauvre femme à l'employé de la maison Laffite, chargé de recevoir pour la souscription; c'est tout ce que j'ai gagné hier, mais c'est en attendant.

— *Voici 4 fr.* 8 *sous pour mon compte*, dit, samedi soir, un ouvrier en déposant cette petite somme à la souscription. *C'est tout ce qui me reste de la semaine; mais je vous en apporterai plus samedi prochain, parce que je n'ai plus le cœur de faire mon dimanche. — C'est bien, brave homme*, lui répartit la personne qui enregistrait son offrande. *Mais vous voyez que tout le monde donne, ainsi il ne faut pas vous priver du seul plaisir que vous ayez dans la semaine.—Bah! bah!* lui répondit-il, *j'aime bien le vin, mais j'aime encore mieux mon pays! — Votre nom? — Eh! mettez un ouvrier.*

— MM. les étudians en droit et en médecine se sont distribué, le 30 au matin, dans leurs classes, des circulaires par lesquelles ils s'assignaient un rendez-vous général. Cette brave jeunesse s'est rendue en corps à la demeure mortuaire. Là, réunie aux jeunes gens du commerce et à quelques anciens officiers, elle s'est saisie du cercueil, et c'est ainsi que, toujours porté, il est arrivé jusqu'à l'endroit où s'élève le tombeau du grand citoyen.

—Pendant sa cruelle agonie, le général demandait souvent des nouvelles de son collègue Stanislas Girardin, qu'une maladie grave retenait aussi au lit. *Ah!* dit-il à un de ses amis, l'avant-veille de sa mort, *je sens que je vais mourir; mais que la mort se contente d'une seule victime, et qu'elle conserve à la France cet autre défenseur de ses droits!...*

Le ciel a entendu cette prière, et il a exaucé ce vœu répété par tous les amis de la patrie et de la liberté.

—Toutes les maisons de commerce de Paris ont envoyé des députations au convoi. Les principaux magasins de nouveautés étaient fermés; celui de la rue Saint-Denis, au coin du boulevart (au Serment), était tendu de noir, ainsi que quelques autres qui ne se trouvaient pas sur le passage du convoi. Presque toutes les boutiques du quatrième arrondissement étaient également fermées.

—Les travaux ont été suspendus dans le faubourg Saint-Antoine à l'arrivée du cortége funèbre, et les ouvriers sont venus s'y joindre. Le soir, les lieux de réunion de ce faubourg étaient déserts.

—La commission nommée pour l'emploi de la souscription nationale, ouverte en faveur des enfans du général Foy, se compose de

MM. le maréchal Jourdan, *président*,
Duc de Choiseul,
Benjamin Delessert,
Général Gérard,
Laffite,
Lameth,
Casimir Perier,
Ternaux,
Comte Daru.

— Tous les insignes qui se trouvaient sur le cercueil du général Foy, les lauriers et les palmes, et jusqu'au drap mortuaire, ont été divisés en plusieurs milliers de morceaux entre les assistans, qui les gardent précieusement; l'épée seule du héros a été respectée par la douleur publique, et reste à sa famille.

— . . . .

. . . .

Ce cruel événement prouve bien les progrès

de l'esprit public; il s'est manifesté par ce qui s'est passé sur la tombe d'un orateur illustre. A peine les journaux avaient-ils dit ces seules paroles : *Le général Foy est mort, ses funérailles auront lieu demain*, que tout le monde est accouru. On était réuni confusément; un cri s'est fait entendre : *En rangs!* chacun s'est disposé en ordre; on a crié encore : *Chapeau bas!* chacun s'est découvert, et, malgré les torrens d'une pluie glacée, des milliers d'individus ont marché tête nue et en silence vers le champ de la mort. Un bruit s'était répandu : *le général ne laisse d'autre fortune que son épée;* aussitôt chacun a conçu une même idée : c'est d'adopter les fils du grand citoyen que nous venions de perdre. Dans tous les groupes qui environnaient le cercueil, cette généreuse idée avait germé à la fois. Dans toutes les villes où le projet de Paris n'était pas connu, elle a pris également naissance. Ainsi, c'est de tous les cœurs, et sans signal, que le vœu est parti d'adopter la famille du guerrier-orateur. Il y a donc encore une nation! ont pu se dire ceux que beaucoup d'exemples de servilité avaient affligés; un vil égoïsme n'a pas desséché tous les cœurs; l'industrie, le commerce, les arts de la paix n'ont pas éteint en nous les nobles sentimens; nous sommes tout pleins encore de vives et fortes sympathies, et il ne faut qu'un mot pour les éveiller.

Nous l'avouerons : si la France était restée froide à la mort du général Foy, il n'y avait plus rien à espérer d'elle. Quel homme rappelait mieux toutes les grandes époques de notre histoire, et répondait mieux à tous nos sentimens? Jeune, quand la guerre de la liberté éclata, il était à Jemmapes, qui fut notre première victoire; à Hondscoote, qui ruina les projets de Pitt; à Vattignies, qui ruina les projets de l'Autriche; à Fleurus, qui nous donna la Belgique; à Zurich, qui sauva l'Europe de l'invasion du nord! Depuis le 18 brumaire, épris de la gloire, mais plein de regrets, il combattit encore, et tomba noyé dans son sang sur le champ de Waterloo. La tribune le reçut au sortir des camps. Il s'instruisit bientôt dans nos nouvelles sciences politiques, et déploya au service de la liberté la plus noble éloquence. Enfin, il mourut consumé de son feu; en lui revivait donc toute la France. Enthousiaste de la liberté quand elle parut, toujours brave, mais triste, quand elle succomba sous un grand homme; tribun éloquent, quand la parole nous fut rendue, il était le vrai Français, courageux, bouillant, prompt à tout apprendre et à bien dire. Un tel homme a dû nous réveiller tous, et heureusement sa mort nous a touchés comme elle devait le faire; notre émotion nous a honorés aux yeux de l'étranger, que nos défaites militaires et nos défaites politiques avaient porté à croire que trente ans d'effors avaient épuisé le patriotisme de la France.

Une belle coutume constitutionnelle va s'introduire parmi nous. Jadis, les républicains anciens adoptaient les fils de citoyens morts, grands et pauvres. Autre temps, autres mœurs. Nous, sujets d'une monarchie constitutionnelle, nous les doterons. Les deniers de la veuve, du vieux guerrier, se réuniront en faveur d'illustres orphelins. Il ne s'agit pas de donner à ces orphelins un orgueilleux château; il faut qu'ils soient électeurs ou députés comme leur père, et qu'ils paraissent un jour à cette tribune où leur nom sera resté célèbre. Qu'il sera beau à nous d'offrir un bon et fertile domaine, sur lequel cinq enfans puissent vivre honorablement, et à ces enfans de le recevoir de nous, pour le transmettre à leurs propres enfans! Répondons par de tels exemples à ces calomniateurs dédaigneux, qui nous disent que les nations sont blasées, et qui soutiennent qu'elles n'ont plus de vertus, pour qu'elles ne soient pas tentées d'en avoir. Prouvons-leur qu'ils se trompent. Tout un monde, saluant la nef qui transportait le général Lafayette, et lui offrant de vastes domaines, a prouvé que les nations ne sont point ingrates. La France a prouvé, ces jours derniers, qu'elle n'était pas plus usée que l'Amérique, et que les nobles sentimens n'ont chez elle ni commencement ni fin.

(*Constitutionnel.*)

—Le général Foy, dont l'âme était si noble et si belle, a trouvé quelquefois parmi ses amis une générosité de sentiment dont les exemples, malheureusement trop rares, méritent d'être connus. Avant la guerre d'Espagne, le général Foy avait consacré une grande partie de ce qu'il possédait à acheter des bons des cortès. La banqueroute du gouvernement espagnol ayant fait éprouver à ces effets une forte dépréciation, la fortune déjà modique du général se trouvait gravement compromise. Cette circonstance fut connue d'un honorable banquier qui avait été à la chambre le collègue du général et qui a toujours fait de ses immenses richesses le plus noble emploi. Vivement affligé du malheur qui atteignait un aussi digne citoyen, voulant lui conserver l'éligibilité qu'il était peut-être au moment de perdre, le banquier avait conçu le projet de combler la perte éprouvée par le général; mais il savait que jamais celui-ci ne consentirait à accepter un pareil sacrifice. Il eut alors recours à la ruse : il fit venir l'agent de change du général; et, d'après des arrangemens qu'ils prirent ensemble, l'agent de change faisait chaque jour croire à son client que quelque spéculation de bourse faite avec ses fonds avait produit des bénéfices qui entraient en déduction des pertes précédentes; ce manége fut continué jusqu'à ce que le déficit fût à peu près comblé. Cette généreuse supercherie eut été couverte d'un silence éternel, si l'agent de change ne se fût cru dégagé par la mort du général Foy, du secret qu'il avait promis.

Il est beau de faire le bien lorsqu'il doit rester ignoré du public; mais il est plus beau encore de se priver de la reconnaissance de celui qu'on oblige; la générosité ne s'est jamais exercée avec plus de pudeur et de délicatesse.

—C'est à tort que quelques personnes ont dit que les troupes de l'escorte avaient voulu empêcher les citoyens de porter le cercueil; quelques-uns de ces militaires ont au contraire témoigné le désir de se charger de ce noble fardeau, et tous ont partagé la douleur publique.

— Dans les lettres nombreuses qu'on nous a écrites, ainsi qu'aux journaux, et principalement au *Constitutionnel*, il se trouve plusieurs épitaphes. La simplicité et la brièveté sont les deux mérites, qui, à notre avis, doivent briller dans l'épitaphe du général Foy. Sans chercher à exercer aucune influence sur le comité chargé du monument, nous citerons une épitaphe que plusieurs correspondans ont proposée, et qui nous paraît réunir ces deux conditions. Elle rappelle une inscription fameuse qui a disparu depuis quelques années de l'un des plus nobles monumens de la capitale. La voici:

AU GÉNÉRAL FOY

LA FRANCE RECONNAISSANTE.

Les lettres dont il nous reste à parler sont relatives à la souscription en faveur de la famille du général. Quelques citoyens ont offert des produits de leur industrie. C'est ainsi qu'un artiste offre des bagues à l'effigie du général, qui se vendront au profit de la souscription. Des élèves de Cicéri consacrent au même objet le produit de la vente d'une collection de lithographies. L'auteur d'un écrit intitulé : *De la France libérale*, a déposé chez MM. Baudouin frères, quarante exemplaires de son ouvrage. Un notaire demande à faire sans rétribution tous les actes publics qui seront nécessaires pour assurer aux enfans du général Foy le produit de la souscription.

Mais de toutes ces propositions généreuses, voici peut-être la plus attendrissante. Un officier d'infanterie en activité offre une rente annuelle de deux jours de sa solde, pour le prix d'un crêpe destiné à voiler le siége vide qu'occupait le général à la chambre des députés [1].

— Un de nos correspondans exprime, dans une courte lettre, le désir de voir écarter de la souscription les offrandes de tout étranger ; il croit qu'une mesure de ce genre doit être entièrement nationale. En rendant hommage au noble sentiment qui a dicté cette opinion, nous craignons que l'auteur de la lettre ne s'en soit exagéré à lui-même le principe. Il est temps de renoncer à ces maximes exclusives qui font consister l'amour de la patrie dans l'aversion des nations étrangères. Aux yeux de la philosophie, tous les peuples sont frères; la liberté est le lien qui doit les réunir. Secours, protection,

[1] *Constitutionnel.*

estime réciproque, admiration mutuelle pour leurs grands hommes, parce que le génie est de tous les pays, voilà ce qu'ils se doivent l'un à l'autre; il n'appartient qu'au despotisme de les diviser.

— L'impression douloureuse qu'a éprouvée la capitale s'est fait sentir partout où l'on a appris la mort de l'orateur qu'a perdu la France : de tous les départemens où elle est parvenue, de Lille, de Rouen, d'Évreux, de Melun, de Bar-le-Duc, nous recevons des lettres qui peignent la douleur profonde qu'y a produite ce sinistre événement. Ce qu'il y a surtout de remarquable, c'est que dans toutes ces villes, l'idée si généreuse et si nationale, d'ouvrir une souscription, lorsqu'on ignorait encore qu'elle se faisait à Paris, est à la fois partie de tous les cœurs. A Bar-le-Duc, elle a été ouverte sur-le-champ chez le colonel Jacqueminot, manufacturier; à Évreux, le barreau a souscrit spontanément, et l'honorable avocat qui nous l'apprend, espère que tous les barreaux de la France suivront un si noble exemple.

—Les membres de la Légion-d'Honneur de tout grade, résidant à Fontainebleau, nous adressent aujourd'hui 390 fr., montant d'une collecte qu'ils ont faite entr'eux; ils regrettent que leur position ne leur permette pas de faire de plus grands sacrifices. C'est un témoignage de pieuse reconnaissance au grand orateur qui a constamment défendu leurs droits.

— Les représentans d'un peuple libre devaient nécessairement se trouver aux funérailles du député qui tant de fois combattit pour la liberté; aussi MM. Rouanès et le colonel Frémont, envoyés d'Haïti, ont-ils quitté pour quelques instans le lit de mort de leur collègue Daumec pour venir mêler leurs larmes aux nôtres.

—Dans le nombre immense d'officiers de tout grade et de toute arme qui suivaient à pied le convoi du général Foy, on remarquait les maréchaux Oudinot et Marmont, l'aide-de-camp de S. A. R. le duc d'Orléans, les généraux Dejean, pair de France, Mathieu Dumas, Excelmans, Dommanget, Solignac, Mesnard, Augereau, Darnaud, Roguet, Barthe, Gourgaud, Petit, Rippert, Beauvais, Barbanègre, Domesnil, le duc de Vicence, Domon, Andreossi, Sébastiani, Alexandre Girardin, Bachelu, de Pully, Teste, Lagrange-Talhouet, Kellerman, etc.

On y remarquait aussi MM. Gohier, ancien directeur; Latour-Maubourg, pair de France, de Humbold, le jeune duc de Montebello et ses frères, les deux plus jeunes fils du maréchal Ney, le duc de Choiseul, Béranger, Lemercier, Dupin, l'avocat, Dupin, l'ingénieur; Étienne, Alexandre Lameth, Alexandre Laborde, Laffitte, Bertin-Devaux, Châteaubriand, Davillier et Fleury de Chaboulon, des savans, des magistrats, des gens de lettres, des artistes, des banquiers et des négocians de tous les quartiers de la capitale.

—Des artistes célèbres s'empressent de payer à la mémoire du grand citoyen leur tribut de respect.

M. Horace Vernet, qui a dessiné d'après nature la figure du général Foy, va bientôt terminer son portrait, dont M. Auguste Chambure a déjà fait l'acquisition, et il va être gravé dans une belle dimension, au burin en taille-douce; ce bel ouvrage, exécuté par un de nos plus habiles graveurs, aura de plus le mérite d'une exacte ressemblance.

On souscrit pour cette magnifique gravure chez MM. Chaillou-Potrelle, rue St-Honoré, n. 140, et chez tous les marchands d'estampes de France et de l'étranger.

Le prix est de 20 francs, et de 40 avant la lettre. Ce portrait paraîtra vers la fin de février.

Les frais une fois couverts, les bénéfices que produiront les souscriptions, seront versés à la caisse du don national offert aux enfans de l'illustre citoyen.

— M. Bra qui, jeune encore, est cependant déjà un de nos statuaires les plus habiles, a obtenu de la famille la permission de mouler ses traits, et s'occupe de la composition d'une statue monumentale.

— La littérature et les belles lettres ne sont pas restées en arrière : MM. Tissot, Jay et Etienne vont incessamment publier les discours de cet illustre orateur. Cette collection sera précédée de sa biographie, d'une appréciation littéraire de son génie, et de son éloge ; il appartenait à des écrivains aussi distingués de se charger de ce travail. Les bénéfices de la vente seront versés au profit de la souscription.

— Parmi les pièces de vers qui ont été faites sur la mort du général Foy, nous avons remarqué l'élégie de M. Alexandre Dumas [1]; la citer toute entière, serait en faire l'éloge qu'elle mérite; mais il nous suffira d'en donner quelques passages, pour engager nos lecteurs à se la procurer.

Dans la première partie, intitulée l'*Appari-*

[1] M. Alexandre Dumas est fils du général Dumas qui a fait la campagne d'Egypte.

tion, qui ne serait frappé de cette belle idée si poétiquement rendue :

. . . .
Parmi les ombres fantastiques
Qu'un sommeil agité fait éclore à nos yeux,
Une femme aux regards doux et mélancoliques;
M'apparut descendant des cieux :
Le nuage qui l'environne
Dérobe à demi ses attraits;
Dans ses cheveux flottans, s'enlacent en couronne
Et l'immortelle et le cyprès.
Une flamme vive et légère
Voltige sur son front pâle, mais toujours beau;
Et sa main renverse un flambeau
Qui s'éteint en touchant la terre.
. . . .

C'est la déesse qui vient annoncer aux mortels les décrets du trépas!

Demain la France désolée
Exhalant ses douleurs en regrets superflus,
S'inclinera devant le mausolée
D'un héros qui ne sera plus...

Hélas! on oublie trop aisément les coups que la mort porte.

. . Au sein d'une vaste cité;
Mais il est de ces noms dont un siècle s'empare,
Et qui, par lui promis à l'immortalité,
Pendant la nuit des temps brillent ainsi qu'un phare
Allumé par la liberté.

. . . .

. . . .

. . . Près de moi... tout se tait... tout est sombre :
Un seul bruit retentit dans les airs frémissans :
C'est celui de l'airain qui pleure
Annonçant que la douzième heure
Tombe dans le gouffre du Temps.

On voit l'âme tout entière du jeune poète dans le fragment suivant (2e *part. de l'Hymne*).

O mon pays !... ô belle France !
Accueille les nouveaux accens
De cette muse qui s'avance,
Vierge de l'or de la puissance,
Pour brûler son premier encens
Sur les autels de la reconnaissance.
Français, à l'hymne des douleurs,
Dont l'accent va se faire entendre,
Joignez vos regrets et vos pleurs ;
Et vous, sur le cercueil qui renferme sa cendre,
Jeunes filles, jetez des lauriers et des fleurs.
Le trépas l'a glacé cette bouche éloquente,
Émule, souvent triomphante,
Des Barnave, des Mirabeau ;
Le temps a déchiré cette page vivante
De Jemmape et de Waterlo.
Ainsi de notre vieille gloire,
Chaque jour emporte un débris ;
Chaque jour enrichit l'histoire
Des grands noms qui nous sont ravis ;

Et chaque jour, pleurant sur la nouvelle tombe
D'un héros généreux dans sa course arrêté,
Chacun de nous se dit épouvanté,
Encore une pierre qui tombe
Du temple de la liberté.

. . . . , .
. . . .

Mais toi, cesse des ans de craindre la disgrâce,
Ton nom triomphera de la nuit du tombeau;
Car le siècle a marqué ta place
Entre Kléber et Mirabeau.

Nous avons encore retrouvé des pleurs en transcrivant ce passage si touchant de la troisième partie. (*Le Convoi.*)

Mais quels sont ces enfans en larmes,
Et dont les faibles pas réclament un soutien?
A leur jeunesse encor les pleurs prêtent des charmes,
Amis! ouvrez vos rangs;... soldats, portez les armes:
Salut au fils du héros citoyen!
Salut, jeunes enfans adoptés par la France!
Salut! n'oubliez pas ce moment solennel
Où, conduits par l'amour et la reconnaissance,
Devant les restes d'un mortel,
Les flots pressés d'un peuple immense,
Ainsi qu'aux marches de l'autel,
Frappés d'un saint respect, s'inclinaient en silence;
Où parmi tous ces chars, qui lui cachaient les pleurs
Auxquels ses amis sont en proie;
D'un prince citoyen saluait les couleurs...
Et si jamais un censeur trop sévère
Disait à l'un de vous : Les peuples sont ingrats;

Répondez-lui soudain, vous n'assistiez donc pas
Aux funérailles de mon père !

Avec des sentimens si nobles et si purs, nous pouvons prédire que cette *muse nouvelle* sera toujours comme celle des Béranger et des Lavigne.

Vierge de l'or de la puissance.

IMPROVISATION

Par un jeune homme de 19 ans.

Grands Dieux ! quel astre, ô France, ô ma patrie !
D'un ciel si pur est tout à coup tombé !
De noirs cyprès ceins ta tête flétrie,
De tes enfans l'honneur a succombé.
A ta tribune entends-tu quel silence ?
L'homme n'est plus dont la sublime voix,
Contre les coups de l'injuste puissance,
De l'opprimé faisait tonner les droits.

Patrie, honneur, liberté tutélaire,
A qui de vous a-t-il jamais manqué ?
Les vieux héros du Tibre consulaire
Pour un Romain l'eussent revendiqué.
Sa voix, d'Athène eût accru la mémoire ;
Et Sparte même eût vanté sa valeur.
Il fut Français, c'est assez pour sa gloire ;
Il est pleuré, c'est assez pour son cœur.

Mais pour la France est-ce assez que des larmes ?
« Venez, enfans, dans mon sein maternel ;
» Venez, dit-elle, et qu'ils soient sans alarmes.
» Les fils du preux qui mourut immortel.

» Son glaive, hélas ! est toute sa richesse :
» Vrai citoyen, qu'avait-il besoin d'or ?
» Puisez, enfans, puisez dans ma tendresse,
» En mon amour il plaça son trésor. »

» Ah ! pour ton cœur quelle cruelle épreuve,
» Toi que l'hymen unit à ses destins ;
» Ne te plains pas, plus que toi, je suis veuve.
» Autour de moi vois combien d'orphelins,
» Que ma douleur à la tienne s'allie,
» Tes pleurs peut-être en seront moins amers.
» Puissé-je un jour, de tes fils, Cornélie,
» Me montrer belle aux yeux de l'univers ! »

Ainsi parla la France désolée ;
La terre, au loin, répète ses douleurs.
Élevez-vous, funèbre mausolée,
A nos neveux, allez porter nos pleurs :
S'ils demandaient quelle fut la mesure
Des pleurs versés sur son fatal tombeau.
Dites, hélas ! à la race future :
« On pleura moins Turenne et Mirabeau. »

UN GRAVELINOIS.

—On attribue à un étranger célèbre les vers suivans, sur les honneurs rendus à la mémoire du général Foy.

Pour de grands citoyens, pour d'illustres guerriers,
Qu'il est doux de mourir au sein de vos murailles !
Français, vous changez en lauriers,
Jusqu'aux cyprès des funérailles !

NOTICE

NÉCROLOGIQUE ET MÉDICALE

Sur le général Foy

PAR LE DOCTEUR BROUSSAIS.

Le général Foy était âgé de cinquante ans, d'une forte constitution et d'une belle structure ; mais il avait naturellement le cœur volumineux et d'une activité extraordinaire. Ce mode d'organisation rendait le général sujet aux palpitations, à une toux sèche qui faisait craindre, selon l'expression vulgaire, pour sa poitrine, et l'exposait à des congestions de sang au cerveau. Sa passion pour le travail, dont il était tourmenté, ne fit qu'ajouter à cette fâcheuse disposition, et durant les années 1817 et 1818, le général eut de fréquentes menaces d'apoplexie. Il se remit à force de soins, mais il ne put recouvrer son embonpoint et sa fraicheur ordinaires. Les émotions qu'il éprouva souvent à la tribune achevèrent de ruiner sa santé chancelante. Malgré cette sobriété remarquable, qui fut toujours une des vertus de ce grand homme, l'hypertrophie du cœur fit des progrès durant les deux dernières sessions de la chambre des députés. Le repos du corps, une vie calme et exempte de tout souci sont les seules conditions auxquelles les personnes sujettes à ce genre d'infirmité puissent espérer de parvenir à la longévité; mais combien notre Démosthène était loin de jouir de ces avantages! Continuellement occupé, soit des réclamations de ses commettans, soit des besoins de tous les genres d'industrie, car l'universalité de ses connaissances et son extrême affabilité attiraient auprès de lui les citoyens de toutes les classes et de toutes les professions, il était obligé de prendre sur les heures du repos le temps rigoureusement nécessaire à la préparation de ses admirables discours. Depuis long-temps le général voyait venir le coup qui devait le frapper; mais les instances de ses amis ne purent jamais le résoudre à se mettre en devoir de le parer. Il semblait compter pour rien les lauriers de la guerre, s'il ne faisait fleurir l'olivier de la paix. Il n'écoutait que son amour pour la gloire de son pays, et ne laissait échapper aucune occasion d'y contribuer de tout son pouvoir. S'il entreprenait un voyage, il consacrait à des recherches fatigantes sur la statistique, sur les productions du sol qu'il parcourait, sur l'industrie et les besoins de ses habitans, un temps qu'il aurait pu employer au rétablissement de sa santé délabrée. Il n'y avait point de loisirs pour cette âme ardente, incessamment consumée par l'amour du bien public.

C'est ainsi que le général usa rapidement sa vie, et creusa prématurément la tombe qui devait l'engloutir. Ce cœur, toujours agité, tourmenté, s'affecta si profondément, qu'au retour de son dernier voyage dans les Pyrénées, notre illustre malade n'avait plus rien à espérer des secours de l'art. Il a succombé après environ trente jours des angoisses les plus effroyables, qu'il supportait avec un courage héroïque, et l'autopsie n'a que trop justifié le pronostic des médecins.

On a trouvé le cœur deux fois plus volumineux que dans l'état normal, ramolli, gorgé d'un sang coagulé qu'il n'avait plus la force de faire circuler. La grosse artère, qui s'élève de la base de cet organe pour porter le sang dans toutes les parties du corps, et qu'on nomme l'aorte, était extrêmement dilatée, épaissie, et couverte, à son intérieur, d'ulcérations nombreuses, dans une étendue de huit pouces. Les poumons étaient sains, mais les viscères de l'abdomen étaient gorgés de sang et dans un état véritablement inflammatoire. Ainsi l'hypertrophie du cœur, qui pouvait se borner à causer de légères incommodités que le régime et le repos auraient rendues compatibles avec une longue vie, s'est convertie en anévrisme avec inflammation chronique de l'aorte; nouveau trait de ressemblance avec le grand Mirabeau, qui, d'après le rapport de Cabanis, succomba pareillement à une maladie du cœur, exaspérée par les fatigues de la tribune et par les soins et les soucis inséparables des affaires.

POST-SCRIPTUM.

Nous voulions terminer cette brochure par la liste alphabétique des souscripteurs à la dotation nationale en faveur des enfans du général Foy, mais dans l'impossibilité de réunir assez promptement tous les noms des citoyens qui doivent composer cette liste honorable. Nous cédons à l'impatience générale, en publiant ce récit de *la journée du* 30 *décembre*.

IMPRIMERIE DE CARPENTIER-MÉRICOURT,
rue de Grenelle-St-Honoré, n. 59.

www.ingramcontent.com/pod-product-compliance
Ingram Content Group UK Ltd.
Pitfield, Milton Keynes, MK11 3LW, UK
UKHW020248220726
13923UKWH00002B/863